Avant-propos

Du tac au tac s'adresse à tous ceux – lycéens, étudiants, adultes, faux grands-débutants – qui possèdent déjà un vocabulaire plus ou moins passif, le plus souvent mal assimilé. Avec un lexique de quelque 2000 mots parmi les plus fréquents de la langue courante, **Du tac au tac** est conçu comme un outil leur permettant de rafraîchir et d'activer leurs connaissances lexicales.

Du tac au tac est un recueil de quelque 1300 phrases brèves avec traduction allemande en regard. Ce sont des phrases pour la compréhension desquelles un contexte de situation est superflu car l'utilisateur les identifiera immédiatement comme faisant partie de la langue parlée courante, celle que tout un chacun pratique quotidiennement et avec spontanéité. *Jamais de la vie ! Je n'en ai aucune idée. C'est du vol ! Personne ne t'y a obligé. Il fallait s'y attendre. Je commence à perdre patience ;* sont des réactions verbales spontanées dans maintes situations auxquelles la plupart des gens sont confrontés chaque jour, qu'il s'agisse d'un dialogue ou d'un commentaire sur quelque événement. Si la réaction dans notre langue maternelle est spontanée en ce sens qu'elle ne nécessite aucun effort pour coder correctement notre message, il n'en va pas toujours de même dans une langue étrangère.

Du tac au tac a précisément pour objectif de permettre à l'apprenant d'atteindre à la spontanéité sans laquelle son message risque fort de ne pas être reçu. Mémoriser des phrases brèves est un exercice facile et un moyen efficace pour être capable ensuite de les utiliser le cas échéant, telles quelles ou adaptées à une situation adéquate. Passer de *tu* à *vous*, du *présent* au *prétérit* ou au *passé composé*, de *souffrir de la faim* à *souffrir de la chaleur*, d'une phrase *affirmative* à une phrase *négative* ne devrait pas poser de problèmes insurmontables.

Une difficulté majeure de l'allemand pour un francophone est la distinction de trois genres et un système de formation du pluriel spécifique. Il faut y ajouter les problèmes que posent les verbes forts et les verbes irréguliers, l'auxiliaire du passé et les constructions prépositionnelles. Tous les mots qui entrent dans ces catégories de difficultés figurent dans le lexique des mots allemands qui se trouve à la suite des phrases. L'utilisateur pourra s'y reporter pour vérifier le genre et le pluriel d'un nom, le prétérit et le participe passé d'un verbe fort ou irrégulier, l'auxiliaire de conjugaison du passé, la construction prépositionnelle de tel ou tel mot. Vous ne perdrez pas votre temps en vous y reportant, ne serait-ce que pour vérification d'une connaissance dont vous n'êtes pas sûr.

Jean-Pierre Demarche

Abréviations utilisées dans le lexique

adv.	adverbe
A	accusatif
D	datif
v. tr.	verbe transitif
adj.	adjectif substantivé, se décline comme un adjectif
fam.	familier
fig.	figuré
pl.	pluriel
inv.	invariable
/	signe de préverbe séparable
v. imp.	verbe impersonnel

1 Toi peut-être, mais pas moi !
2 Où irions-nous alors ?
3 A ta place, je n'hésiterais pas.
4 Je ne le savais pas.
5 Jamais deux sans trois.
6 Il commence à être temps.
7 Si seulement je l'avais su !
8 Cela vaut à peine le coup.
9 Plus ou moins.
10 Ne te rends pas ridicule !
11 Tu penses vraiment ?
12 Je trouve aussi.
13 Ce n'est pas la peine de t'excuser !
14 Il est susceptible, il ne faut pas l'oublier.
15 Il a toujours faim.
16 Et alors ? C'est mon droit.
17 Qu'est-ce que tu en penses ?
18 Où l'as-tu appris ?
19 Je n'aurais jamais pensé cela !
20 Il veut toujours avoir raison.
21 Je te téléphonerai demain matin.
22 Jamais de la vie !
23 Il fallait s'y attendre.
24 Qu'est-ce qui te faire dire cela ?
25 Tu peux en être sûr.

17 juillet 2003

1 Du vielleicht, ich aber nicht!

2 Wo kämen wir dann hin?

3 An deiner Stelle würde ich nicht zögern.

4 Das habe ich nicht gewußt.

5 Aller guten Dinge sind drei.

6 Es wird allmählich Zeit.

7 Wenn ich das bloß gewußt hätte!

8 Es lohnt sich kaum.

9 Mehr oder weniger.

10 Mach dich nicht lächerlich!

11 Meinst du wirklich?

12 Das finde ich auch.

13 Du brauchst dich nicht zu entschuldigen!

14 Er ist empfindlich, das darfst du nicht vergessen.

15 Er hat immer Hunger.

16 Und wenn schon? Es ist mein gutes Recht.

17 Was hältst du davon?

18 Wo hast du es erfahren?

19 Das hätte ich nie gedacht!

20 Er will immer recht haben.

21 Ich werde dich morgen früh anrufen.

22 Nie im Leben!

23 Das war zu erwarten.

24 Wie kommst du darauf?

25 Du kannst dich darauf verlassen.

26 Cela ne sert à rien.

27 Cela dépend.

28 On peut le supposer.

29 Tu devrais profiter de l'occasion.

30 Cela ne te regarde pas.

31 Peux-tu me recommander un restaurant ?

32 J'ai changé d'avis.

33 Je ne peux pas me l'imaginer.

34 Il a eu de la chance.

35 Cela m'est égal. / Si tu veux.

36 Ça, c'est vraiment le comble !

37 Je ne pouvais pas faire autrement.

38 Tu peux t'estimer heureux.

39 Tu es sérieux ?

40 Tu parles ! (exclamation)

41 On ne sait jamais.

42 Je ne peux pas te le promettre.

43 Tu ne le regretteras pas.

44 Je n'y arriverai jamais.

45 Certes ! Ça ne me plaît quand même pas.

46 Veux-tu que je t'aide ?

47 J'ai soif. Puis-je avoir un verre d'eau minérale ?

48 Ne te fais donc pas de soucis.

49 Je préfère me taire.

50 Cela ne m'étonne absolument pas.

26 Das hat keinen Zweck.

27 Es kommt darauf an.

28 Es ist anzunehmen.

29 Du solltest die Gelegenheit nutzen.

30 Das geht dich nichts an.

31 Kannst du mir ein Restaurant empfehlen?

32 Ich habe es mir (anders) überlegt.

33 Das kann ich mir nicht vorstellen.

34 Er hat Glück gehabt.

35 Von mir aus.

36 Das ist wirklich eine Zumutung!

37 Ich konnte nicht anders.

38 Du kannst dich glücklich schätzen.

39 Ist das dein Ernst?

40 Hast du eine Ahnung!

41 Man weiß nie.

42 Ich kann es dir nicht versprechen.

43 Du wirst es nicht bereuen.

44 Ich werde es nie schaffen.

45 Allerdings! Das gefällt mir trotzdem nicht.

46 Soll ich dir helfen?

47 Ich habe Durst. Darf ich ein Glas Mineralwasser haben?

48 Mach dir doch keine Sorgen.

49 Ich schweige lieber.

50 Das wundert mich überhaupt nicht.

51 Je dois te donner raison.

52 C'est uniquement une question d'argent.

53 Je ne peux pas me le permettre en ce moment.

54 A quelle heure dois-je venir ?

55 Merci de ne pas l'oublier.

56 Je n'y avais pas pensé.

57 Cela n'a pas beaucoup d'importance.

58 Mon Dieu ! Est-ce nécessaire ?

59 Il faut que je m'achète une paire de chaussures.

60 Il m'a demandé mon avis.

61 Malheureusement pas !

62 Combien de fois dois-je te le répéter ?

63 Tu peux dire que tu te trompes !

64 Est-ce que tu es d'accord ?

65 Est-ce que tu t'en rends compte ?

66 Je crois que j'ai commis une erreur.

67 Surtout pas aujourd'hui !

68 Cela ne me plaît pas du tout.

69 Qu'est-ce qui te prend ?

70 Est-ce vraiment nécessaire ?

71 Je trouve que tu exagères.

72 Tu penses qu'il en est capable ?

73 A ta place, je ne le ferais pas.

74 Mais pour qui me prends-tu ?

75 Je n'en ai pas du tout envie.

51 Ich muß dir recht geben.

52 Es ist nur eine Frage des Geldes.

53 Ich kann es mir zur Zeit nicht leisten.

54 Um wieviel Uhr soll ich kommen?

55 Vergiß es bitte nicht.

56 Ich hatte nicht daran gedacht.

57 Das hat nicht viel zu bedeuten.

58 Mein Gott! Muß das sein?

59 Ich muß mir ein Paar Schuhe kaufen.

60 Er hat mich nach meiner Meinung gefragt.

61 Leider nicht!

62 Wie oft soll ich es dir sagen?

63 Da irrst du dich aber ganz schön!

64 Bist du einverstanden?

65 Siehst du das ein?

66 Ich glaube, ich habe einen Fehler begangen.

67 Bloß nicht heute!

68 Das gefällt mir gar nicht.

69 Was fällt dir ein?

70 Muß das wirklich sein?

71 Ich finde, du übertreibst.

72 Meinst du, daß er dazu fähig ist?

73 An deiner Stelle würde ich es lassen.

74 Wofür hältst du mich denn?

75 Ich habe überhaupt keine Lust dazu.

76 C'est ton affaire, mais je te le déconseille.
77 Tu ferais mieux d'être prudent.
78 Est-ce que tu peux m'aider ?
79 Un instant s'il te plaît !
80 Je trouve cela dommage.
81 Que tu veuilles ou non.
82 Combien de temps encore ?
83 Je me demande qui a fait cela.
84 Je connais le coin comme ma poche.
85 Il est soi-disant malade.
86 J'ai beaucoup hésité au début.
87 Si tu penses vraiment.
88 C'est du gaspillage !
89 Cela ne dépend que de toi.
90 Voilà déjà une heure que je t'attends.
91 J'ai bien envie, mais je n'ose pas.
92 Il ne s'agit pas de cela.
93 Je te prie de m'excuser.
94 Si c'est nécessaire.
95 Cela ne vaut plus la peine.
96 Je n'ai pas pensé à cela.
97 Est-ce que cette rue mène à la gare ?
98 Je ne crois pas ce que tu dis.
99 Tu peux le lui demander.
100 Laisse tomber, c'est mon problème.

76 Es ist deine Sache, aber ich rate dir davon ab.

77 Du solltest lieber vorsichtig sein.

78 Kannst du mir helfen?

79 Einen Augenblick bitte!

80 Das finde ich schade.

81 Ob du willst oder nicht.

82 Wie lange noch?

83 Ich frage mich, wer das getan hat.

84 Ich kenne die Gegend in- und auswendig.

85 Er ist angeblich krank.

86 Ich habe anfangs sehr gezögert.

87 Wenn du das wirklich meinst.

88 Das ist Verschwendung!

89 Es hängt nur von dir ab.

90 Ich warte schon eine Stunde auf dich.

91 Ich habe schon Lust, aber ich wage es nicht.

92 Es handelt sich nicht darum.

93 Ich bitte dich um Entschuldigung.

94 Wenn es sein muß.

95 Es lohnt sich nicht mehr.

96 Daran habe ich nicht gedacht.

97 Führt diese Straße zum Bahnhof?

98 Ich glaube es dir nicht.

99 Du kannst ihn fragen.

100 Laß das mein Problem sein.

101 Qu'est-ce que tu veux dire par là ?
102 J'ai essayé en vain.
103 Les apparences sont trompeuses.
104 Il y a de quoi rire !
105 Je m'efforce de créer un climat de confiance.
106 Cela ne mène à rien.
107 Je ne le mets pas en question !
108 Cela est à peine incroyable.
109 Je partage ton avis.
110 C'est pas possible ! (étonnement)
111 Je ne te suis plus. (= comprends)
112 Cela m'a coûté beaucoup d'argent.
113 Je n'en suis pas responsable.
114 Cela n'en valait pas la peine.
115 Il faut absolument que je rentre.
116 Non mais qu'est-ce que tu t'imagines ?
117 Je t'en laisse le soin.
118 Je peux te l'assurer.
119 Il n'a pas mérité cela.
120 Ce n'est pas la peine de le dire.
121 Je ne le savais pas.
122 Je ne voudrais pas être à sa place.
123 Je l'ai toujours dit !
124 Je ne prends pas le risque.
125 Je me demande si c'est possible.

101 Was meinst du damit?
102 Ich habe es vergeblich versucht.
103 Der Schein trügt.
104 Das ist zum Lachen!
105 Ich bemühe mich, ein Klima des Vertrauens zu schaffen.
106 Das führt zu nichts.
107 Das stelle ich nicht in Frage!
108 Das ist kaum zu glauben.
109 Ich teile deine Ansicht.
110 Das darf nicht sein!
111 Ich folge dir nicht mehr.
112 Das hat mich viel Geld gekostet.
113 Ich bin dafür nicht verantwortlich.
114 Es hat sich nicht gelohnt.
115 Ich muß unbedingt nach Hause.
116 Was bildest du dir eigentlich ein?
117 Ich überlasse es dir.
118 Ich kann es dir versichern.
119 Das hat er nicht verdient.
120 Das brauchst du nicht zu sagen.
121 Das habe ich nicht gewußt.
122 Ich möchte nicht an seiner Stelle sein.
123 Das habe ich schon immer gesagt!
124 Ich gehe das Risiko nicht ein.
125 Ich frage mich, ob es möglich ist.

126 C'est de ta faute.

127 Qu'est-ce que cela veut dire ?

128 Il ne l'a pas fait exprès.

129 Je préférerais attendre.

130 Il est allé chez un ami.

131 Je peux te conduire à la gare.

132 Il s'est fait porter malade.

133 Je ne peux pas le supporter.

134 Il va de nouveau mieux.

135 Seulement si cela ne te dérange pas.

136 Il ne sait pas ce qu'il veut.

137 Je dois l'avouer.

138 Il n'y a pas de doute là-dessus.

139 On ne peut pas le lui interdire.

140 Sans moi ! Je trouve le risque trop grand.

141 Cela est incontestable.

142 Je trouve le film passablement ennuyeux.

143 Cela en fait partie.

144 Je n'en ai aucune idée.

145 Pas le moins du monde !

146 Je t'en remercie.

147 On peut compter sur lui.

148 Cela n'a pas d'importance.

149 Je viens tout de suite.

150 Tu ne peux pas faire une exception ?

126 Du bist daran schuld.
127 Was soll das heißen?
128 Er hat es nicht mit Absicht getan.
129 Ich würde lieber warten.
130 Er ist zu einem Freund gegangen.
131 Ich kann dich zum Bahnhof fahren.
132 Er hat sich krank gemeldet.
133 Ich kann ihn nicht ausstehen.
134 Es geht ihm wieder besser.
135 Nur wenn es dich nicht stört.
136 Er weiß nicht, was er will.
137 Ich muß es gestehen.
138 Es besteht kein Zweifel darüber.
139 Man kann es ihm nicht verbieten.
140 Ohne mich! Das Risiko ist mir zu groß.
141 Das läßt sich nicht bestreiten.
142 Ich finde den Film ziemlich langweilig.
143 Es gehört dazu.
144 Ich habe gar keine Ahnung davon.
145 Nicht im geringsten!
146 Ich danke dir dafür.
147 Man kann sich auf ihn verlassen.
148 Das spielt keine Rolle.
149 Ich komme gleich.
150 Kannst du nicht eine Ausnahme machen?

151 Tu peux être content.

152 Ni aujourd'hui, ni demain.

153 Tu ne me fais pas peur.

154 Je ne le ferai en aucun cas.

155 Je peux faire une proposition ?

156 Qu'est-ce que tu me reproches ?

157 Je ne me le pardonnerai jamais !

158 Je trouve que cela dure trop longtemps.

159 Est-ce que tu as bien dormi ?

160 Il sera bientôt trop tard.

161 L'émission commence à neuf heures.

162 Je n'ai pas peur de lui.

163 C'est possible, mais ce n'est pas mon avis.

164 Je voudrais écouter les informations.

165 Je voudrais boire un verre de lait.

166 Il faut l'espérer !

167 Attention ! Ça peut être dangereux.

168 Est-ce que tu as encore faim ?

169 Cela n'a pas duré longtemps.

170 C'est l'un ou l'autre !

171 Il travaille du matin au soir.

172 Cela n'est pas si grave.

173 Il n'a toujours pas répondu.

174 Cela me donne une idée.

175 Il faut te maîtriser.

151 Du kannst froh sein.

152 Weder heute noch morgen.

153 Ich habe keine Angst vor dir.

154 Ich tue es auf keinen Fall.

155 Kann ich einen Vorschlag machen?

156 Was wirfst du mir vor?

157 Ich werde es mir nie verzeihen!

158 Es dauert mir zu lange.

159 Hast du gut geschlafen?

160 Es wird bald zu spät sein.

161 Die Sendung beginnt um neun Uhr.

162 Ich habe keine Angst vor ihm.

163 Es mag sein, ich bin aber anderer Meinung.

164 Ich möchte die Nachrichten hören.

165 Ich möchte ein Glas Milch trinken.

166 Hoffentlich!

167 Vorsicht! Es kann gefährlich sein.

168 Bist du noch hungrig?

169 Es hat nicht lange gedauert.

170 Entweder oder!

171 Er arbeitet von morgens bis abends.

172 So schlimm ist das nicht.

173 Er hat immer noch nicht geantwortet.

174 Das bringt mich auf eine Idee.

175 Du mußt dich beherrschen.

176 Voilà déjà une heure que je t'attends.

177 Plus rien ne m'étonne.

178 Je reviens tout de suite.

179 Il vient de partir.

180 Je t'y ferai penser.

181 Tu ne peux pas te plaindre.

182 Il pleut à nouveau.

183 Je ne suis pas pressé.

184 Je trouve cela inconcevable.

185 Combien de temps cela va-t-il encore durer ?

186 Cela me préoccupe beaucoup.

187 Peux-tu attendre un instant ?

188 Je ne peux pas encore te le dire.

189 C'est trop cher pour moi.

190 Je te félicite de ton succès.

191 Je t'appellerai demain matin.

192 C'est une idée formidable !

193 Il fallait s'y attendre.

194 Je te le confirmerai après-demain.

195 Cela m'a vraiment suffit.

196 Cela n'arrive pas tous les jours.

197 Cela se comprend !

198 Dans le village, tout le monde se connaît.

199 Je ne peux pas te le garantir.

200 Je n'y ai pas pensé.

176 Ich warte schon eine Stunde auf dich.

177 Ich wundere mich über gar nichts mehr.

178 Ich bin gleich wieder da.

179 Er ist eben weggegangen.

180 Ich werde dich daran erinnern.

181 Du kannst dich nicht beklagen.

182 Es regnet schon wieder.

183 Ich habe keine Eile.

184 Ich finde es unvorstellbar.

185 Wie lange wird es noch dauern?

186 Das beschäftigt mich sehr.

187 Kannst du einen Augenblick warten?

188 Das kann ich dir noch nicht sagen.

189 Das ist mir zu teuer.

190 Ich gratuliere dir zum Erfolg.

191 Ich werde dich morgen früh anrufen.

192 Das ist eine tolle Idee!

193 Das war zu erwarten.

194 Ich werde es dir übermorgen bestätigen.

195 Das hat mir wirklich gereicht.

196 Das geschieht nicht jeden Tag.

197 Das ist verständlich!

198 Im Dorf kennt jeder jeden.

199 Ich kann es dir nicht garantieren.

200 Ich habe nicht daran gedacht.

201 Il est grand temps.

202 Tant qu'à faire !

203 En aucun cas !

204 Je ne le conteste pas.

205 Ce n'est pas particulièrement adroit.

206 Je préfère rester à la maison.

207 Qu'est-ce que tu fais ce week-end?

208 J'irai peut-être à la campagne.

209 Cela ne me dérange absolument pas.

210 Si seulement cela était possible !

211 Cela est loin d'être terminé.

212 Pas forcément.

213 Je vais le lui faire comprendre.

214 Il ne faut pas le sous-estimer. cela

215 C'est plus cher que je ne pensais.

216 Il n'est jamais content.

217 Donne-moi encore une chance.

218 Si seulement je le savais !

219 Cela est tout à fait incompréhensible.

220 J'en suis conscient.

221 Je n'abandonnerai pas.

222 Tu as fait une erreur énorme.

223 Tu en es responsable.

224 Tu peux encore y réfléchir.

225 J'ose à peine le dire.

17 juillet 03

201 Es ist höchste Zeit.

202 Wenn schon, denn schon!

203 Auf keinen Fall!

204 Ich bestreite es nicht.

205 Das ist nicht gerade geschickt.

206 Ich bleibe lieber zu Hause.

207 Was machst du übers Wochenende.

208 Vielleicht fahre ich aufs Land.

209 Das stört mich überhaupt nicht.

210 Wenn es bloß möglich wäre!

211 Das ist noch lange nicht vorbei.

212 Nicht unbedingt.

213 Ich werde es ihm begreiflich machen.

214 Das darfst du nicht unterschätzen.

215 Es ist teurer, als ich dachte.

216 Er ist nie zufrieden.

217 Gib mir noch eine Chance.

218 Wenn ich das nur wüßte!

219 Das ist völlig unverständlich.

220 Ich bin mir dessen bewußt.

221 Ich werde nicht aufgeben.

222 Du hast einen gewaltigen Irrtum gemacht.

223 Du bist dafür verantwortlich.

224 Das kannst du dir noch überlegen.

225 Ich wage es kaum zu sagen.

226 Je me sens vraiment soulagé.
227 Je trouve cela très louche.
228 C'était à prévoir.
229 Depuis peu de temps seulement.
230 Cela n'a rien à voir avec.
231 Mais c'est absolument faux !
232 Il ne manquait plus que cela !
233 Je te souhaite bien du plaisir.
234 Il est de loin le meilleur.
235 Je suis déjà au courant.
236 Il tremblait de peur.
237 Il faut que cela reste une exception.
238 Cela lui ressemble.
239 On ne t'a rien demandé !
240 D'où le sais-tu ?
241 Je t'en prie !
242 Ce n'est pas la peine de le dire.
243 Cela revient au même.
244 Cela fait longtemps que j'attends cela.
245 Tu te trompes beaucoup.
246 Je n'accepte pas cela.
247 Il n'en est absolument pas question.
248 Je dis cela comme ça.
249 Je peux t'emmener à la gare.
250 Avec toi, c'est toujours la même chose.

226 Ich fühle mich wirklich erleichtert.

227 Das finde ich sehr verdächtig.

228 Das war vorauszusehen.

229 Erst seit kurzer Zeit.

230 Das hat nichts damit zu tun.

231 Das ist ja gar nicht wahr!

232 Auch das noch!

233 Ich wünsche dir viel Vergnügen.

234 Er ist mit Abstand der Beste.

235 Ich weiß schon Bescheid.

236 Er zitterte vor Angst.

237 Es muß eine Ausnahme bleiben.

238 Das sieht ihm ähnlich.

239 Du bist nicht gefragt!

240 Woher weißt du das?

241 Ich bitte dich!

242 Das brauchst du nicht zu sagen.

243 Es kommt aufs gleiche heraus.

244 Ich warte schon lange darauf.

245 Du irrst dich ganz schön.

246 Das lasse ich mir nicht gefallen.

247 Es kommt überhaupt nicht in Frage.

248 Ich meine ja nur.

249 Ich kann dich zum Bahnhof fahren.

250 Mit dir ist es immer wieder das gleiche.

251 Ne t'occupe pas de cela.
252 Sois donc enfin raisonnable !
253 Désirez-vous autre chose ?
254 Je préfère prendre un parapluie.
255 C'est complètement insensé.
256 Je m'en doutais.
257 A une seule condition.
258 C'est tout à fait impensable.
259 Je ne m'attendais pas à cela.
260 Est-ce que je peux citer un exemple ?
261 Elle n'a aucune influence sur lui.
262 Tu as vraiment l'esprit obtus !
263 Je n'ai rien constaté de particulier.
264 Je préfère prendre le bus.
265 J'ai quelque chose à te demander.
266 Il a affirmé le contraire.
267 Cette fois, je ne me suis pas trompé.
268 Tu aurais dû y penser plus tôt.
269 Que tu sois content ou non.
270 C'est l'essentiel.
271 C'est aussi mon avis.
272 Sur ce point, je pense autrement.
273 Ça, on peut le dire.
274 Qui l'aurait jamais pensé ?
275 Pour quelle raison ?

19 juillet 03

251 Kümmere dich nicht darum.
252 Sei doch endlich vernünftig!
253 Haben Sie noch einen Wunsch?
254 Ich nehme lieber einen Regenschirm mit.
255 Das ist vollkommen sinnlos.
256 Das habe ich mir gedacht.
257 Nur unter einer Bedingung.
258 Das ist völlig undenkbar.
259 Das habe ich nicht erwartet.
260 Darf ich ein Beispiel anführen?
261 Sie hat gar keinen Einfluß auf ihn.
262 Du bist wirklich schwer von Begriff!
263 Ich habe nichts Besonderes festgestellt.
264 Ich fahre lieber mit dem Bus.
265 Ich habe eine Bitte an dich.
266 Er hat das Gegenteil behauptet.
267 Diesmal habe ich mich nicht geirrt.
268 Du hättest früher daran denken sollen.
269 Ob du zufrieden bist oder nicht.
270 Das ist die Hauptsache.
271 Das meine ich auch.
272 In diesem Punkt denke ich anders.
273 Das kann man schon sagen.
274 Wer hätte das je gedacht?
275 Aus welchem Grund?

276 Je peux te l'assurer.

277 C'est facile à dire.

278 C'est du vol !

279 Je préfère ne rien dire.

280 Elle sait s'affirmer.

281 C'est encore loin ?

282 Je m'en doute, évidemment.

283 Cela peut devenir très dangereux.

284 Maintenant, tu as atteint ton but.

285 Mon rêve est devenu réalité.

286 Il n'y a pas d'autre possibilité.

287 Je ne peux pas me l'expliquer.

288 Ta proposition n'est pas très réaliste.

289 Tu vas rire : moi aussi je l'ai fait.

290 Je me réjouis de ton succès.

291 Je vais m'en occuper personnellement.

292 Cela me semble faisable.

293 Tu peux toujours attendre longtemps !

294 Maintenant, cela va vraiment trop loin.

295 Ça, ça m'étonnerait.

296 Je me suis beaucoup plu à Berlin.

297 Je me suis laissé intimider.

298 Je m'en suis douté tout de suite.

299 Je le fais à mes risques et périls.

300 Je l'ai fait en toute hâte.

20 juillet 03

276 Ich kann es dir versichern.

277 Das sagt sich einfach.

278 Das ist Betrug!

279 Ich sage lieber nichts.

280 Sie weiß sich zu behaupten.

281 Ist es noch weit?

282 Das kann ich mir schon denken.

283 Das kann sehr gefährlich werden.

284 Jetzt hast du dein Ziel erreicht.

285 Mein Traum ist Wirklichkeit geworden.

286 Es gibt keine andere Möglichkeit.

287 Ich kann es mir nicht erklären.

288 Dein Vorschlag ist nicht sehr realistisch.

289 Du wirst lachen : Auch ich habe es getan.

290 Ich freue mich über deinen Erfolg.

291 Ich werde mich persönlich darum kümmern.

292 Es scheint mir machbar.

293 Da kannst du aber lange warten!

294 Es geht nun wirklich zu weit.

295 Das sollte mich wundern.

296 Es hat mir in Berlin sehr gut gefallen.

297 Ich habe mich einschüchtern lassen.

298 Das habe ich mir sofort gedacht.

299 Ich tue es auf eigenes Risiko.

300 Ich habe es in aller Eile getan.

301 C'est loin d'être le cas.
302 C'était prévisible.
303 Est-ce vraiment nécessaire ?
304 Je me le demande aussi.
305 Une fois n'est pas coutume.
306 Mon frère n'a que dix ans.
307 Il n'a toujours pas compris.
308 Tu ne peux pas t'en faire une idée.
309 Je me sens très seul.
310 C’est une bonne surprise.
311 Veux-tu que je vienne te chercher ?
312 As-tu envie d’aller au cinéma ?
313 Ça n’a malheureusement pas marché.
314 Je le connais à peine.
315 C'est aussi mon avis !
316 Cela tombe bien !
317 Je lui écrirai.
318 Je suis terriblement fatigué.
319 Il a plu toute la journée.
320 Ne sois donc pas si curieux.
321 Puis-je te poser une question ?
322 Nous avons passé des vacances formidables.
323 J’ai changé d’avis.
324 Elle essaie de lui changer les idées.
325 Il faut que je rentre à la maison.

21 juillet

301 Das ist lange nicht der Fall.
302 Das war vorauszusehen.
303 Muß das wirklich sein?
304 Das frage ich mich auch.
305 Einmal ist keinmal.
306 Mein Bruder ist erst zehn Jahre alt.
307 Er hat immer noch nicht verstanden.
308 Du kannst dir davon keine Vorstellung machen.
309 Ich fühle mich sehr allein.
310 Das ist eine angenehme Überraschung.
311 Soll ich dich abholen?
312 Möchtest du ins Kino gehen?
313 Es hat leider nicht geklappt.
314 Ich kenne ihn kaum.
315 Das meine ich auch!
316 Das trifft sich gut!
317 Ich werde ihm schreiben.
318 Ich bin schrecklich müde.
319 Es hat den ganzen Tag geregnet.
320 Sei doch nicht so neugierig.
321 Darf ich dir eine Frage stellen?
322 Wir haben tolle Ferien verbracht.
323 Ich habe meine Meinung geändert.
324 Sie versucht, ihn auf andere Gedanken zu bringen.
325 Ich muß nach Hause.

326 Tu m'énerves avec tes questions.
327 Quand pars-tu en vacances ?
328 Cela m'a coûté une fortune.
329 Ça me rend malade.
330 Je trouve que tu exagères.
331 Veux-tu que je te fasse une tasse de thé ?
332 Son père est à l'hôpital.
333 On a sonné.
334 Veux-tu que je t'aide ?
335 Je ne te crois pas.
336 Ça commence bien !
337 Je n'ai rien à mettre. (vêtements)
338 Quand vas-tu cesser avec ça ?
339 J'ai fait un mauvais rêve.
340 Nous sortons tous les samedis soir.
341 Ce n'est pas particulièrement difficile.
342 Pourquoi me regardes-tu si bizarrement ?
343 Merci beaucoup pour ton aide!
344 Cette profession a de l'avenir.
345 Déjà une famille sur deux possède un ordinateur.
346 J'ai commandé une nouvelle voiture.
347 Qu'est-ce que tu fais ce soir ?
348 Est-ce que tu peux mettre la table ?
349 Leur fils a encore eu un accident.
350 La circulation automobile pollue l'air.

326 Du nervst mich mit deinen Fragen.
327 Wann fährst du in Urlaub?
328 Es hat mich ein Vermögen gekostet.
329 Es macht mich krank.
330 Ich finde, du übertreibst.
331 Soll ich dir eine Tasse Tee kochen?
332 Sein Vater liegt im Krankenhaus.
333 Es hat geklingelt.
334 Soll ich dir helfen?
335 Ich glaube dir nicht.
336 Das fängt ja gut an!
337 Ich habe nichts anzuziehen.
338 Wann wirst du damit aufhören?
339 Ich habe einen bösen Traum gehabt.
340 Wir gehen jeden Samstag abend aus.
341 Es ist nicht besonders schwierig.
342 Warum siehst du mich so komisch an?
343 Vielen Dank für deine Hilfe!
344 Dieser Beruf hat Zukunft.
345 Schon jede zweite Familie besitzt einen Computer.
346 Ich habe einen neuen Wagen bestellt.
347 Was machst du heute abend?
348 Kannst du bitte den Tisch decken?
349 Ihr Sohn hat schon wieder einen Unfall gehabt.
350 Der Autoverkehr verpestet die Luft.

351 Je n'avais pas d'autre choix.

352 Nous avons eu un été très chaud.

353 Nous allons tous les après-midis à la plage.

354 Je préfère être (assis) à l'ombre.

355 J'ai eu une sacrée peur.

356 Est-ce que tu te souviens encore de lui ?

357 Est-ce que tu as déjà reçu ma lettre ?

358 Elle va tous les quinze jours chez le coiffeur.

359 Qu'est-ce que tu veux pour ton anniversaire ?

360 C'est l'envers de la médaille.

361 Tout ce qui brille n'est pas or.

362 Est-ce que tu es devenu fou ?

363 Pourquoi te lèves-tu si tôt ?

364 Tout a des avantages et des inconvénients.

365 J'ai le sentiment de perdre mon temps.

366 J'ai besoin de ton aide.

367 Ne m'en veux pas !

368 Tous les enfants lisent des bandes dessinées.

369 Nous descendons toujours dans le même hôtel.

370 Rien au monde ne m'est plus indifférent.

371 Personne ne t'y a obligé.

372 Il s'agit sans doute d'un malentendu.

373 Je crois que tu as fait une bonne affaire.

374 Tu le fais à tes risques et périls.

375 Ne me raconte pas d'histoires ! (fig.)

351 Ich hatte keine andere Wahl.
352 Wir haben einen heißen Sommer gehabt.
353 Wir gehen jeden Nachmittag an den Strand.
354 Ich sitze lieber im Schatten.
355 Ich habe einen Schreck bekommen.
356 Erinnerst du dich noch an ihn?
357 Hast du meinen Brief schon bekommen?
358 Sie geht alle vierzehn Tage zum Friseur.
359 Was wünschst du dir zum Geburtstag?
360 Das ist die Kehrseite der Medaille.
361 Es ist nicht alles Gold, was glänzt.
362 Bist du wahnsinnig geworden?
363 Warum stehst du so früh auf?
364 Alles hat Vor- und Nachteile.
365 Ich habe das Gefühl, meine Zeit zu verlieren.
366 Ich brauche deine Hilfe.
367 Sei mir bitte nicht böse!
368 Alle Kinder lesen Comics.
369 Wir steigen immer im gleichen Hotel ab.
370 Nichts auf der Welt ist mir gleichgültiger.
371 Niemand hat dich dazu gezwungen.
372 Es handelt sich wohl um ein Mißverständnis.
373 Ich glaube, du hast ein gutes Geschäft gemacht.
374 Das tust du auf eigene Gefahr.
375 Erzähl mir keine Geschichten!

376 Qui a pris cette décision ?

377 Les affaires sont les affaires.

378 Qu'est-ce que tu en dis ?

379 Sa réaction ne m'a pas surpris.

380 Peux-tu me rendre un service ?

381 Je commence à perdre patience.

382 Laisse-moi donc tranquille !

383 Il faut appeler un chat un chat.

384 Ça m'a apporté un tas d'inconvénients.

385 La nuit porte conseil.

386 Je te tiendrai au courant.

387 Nous avons fait un voyage merveilleux.

388 Je me trouve devant un choix difficile.

389 C'est trop beau pour être vrai.

390 Je bois à ton succès.

391 Nous avons tous participé à l'excursion.

392 Leur fils a fait des dettes.

393 J'ai rencontré beaucoup de difficultés.

394 Je ne partage pas ton point de vue.

395 Je n'ai pas confiance en lui.

396 J'essaie de rattraper mon retard.

397 C'est à désespérer !

398 Je n'ai fait que mon devoir.

399 J'ai invité un ami à manger.

400 Je le reconnais : ta solution offre des avantages.

23 juillet 03

376 Wer hat diese Entscheidung getroffen?

377 Geschäft ist Geschäft.

378 Was sagst du dazu?

379 Seine Reaktion hat mich nicht überrascht.

380 Kannst du mir einen Gefallen tun?

381 Ich verliere allmählich die Geduld.

382 Laß mich doch in Ruhe!

383 Man muß die Dinge beim Namen nennen.

384 Es hat mir eine Menge Nachteile gebracht.

385 Über Nacht kommt Rat.

386 Ich werde dich auf dem laufenden halten.

387 Wir haben eine wunderbare Reise gemacht.

388 Ich stehe vor einer schwierigen Wahl.

389 Das ist zu schön, um wahr zu sein.

390 Ich trinke auf deinen Erfolg.

391 Wir haben alle am Ausflug teilgenommen.

392 Ihr Sohn hat Schulden gemacht.

393 Ich bin auf viele Schwierigkeiten gestoßen.

394 Ich teile deinen Standpunkt nicht.

395 Ich habe kein Vertrauen zu ihm.

396 Ich versuche, meine Verspätung aufzuholen.

397 Das ist zum Verzweifeln!

398 Ich habe nur meine Pflicht getan.

399 Ich habe einen Freund zum Essen eingeladen.

400 Ich gebe es zu: Deine Lösung bietet Vorteile.

401 Seul, tu n'y arriveras jamais.

402 Je te montrerai que j'en suis capable.

403 Ma réussite, je ne la dois à personne.

404 Il faut que tu en tires la conséquence.

405 Nous avons passé une soirée très agréable.

406 Est-ce que tu as rangé ta chambre ?

407 Tous les Allemands ne sont pas blonds.

408 Son mari travaille chez Volkswagen.

409 Nous nous sommes perdus de vue.

410 L'exception confirme la règle.

411 Il faut que tu envisages une autre solution.

412 Ce matin, tu as l'air fatigué.

413 Je ne sais pas ce que ça veut dire.

414 Par beau temps, on peut voir la côte.

415 Tu sais bien que je n'y attache pas d'importance.

416 Je t'avais pourtant mis en garde contre lui.

417 Ça ne dépend malheureusement pas de moi.

418 Je prends la responsabilité de cette décision.

419 Je ne peux pas me décider si rapidement.

420 Tu as raté une occasion unique.

421 Il n'a pas ménagé sa peine.

422 Il a fait des progrès importants.

423 Arrête donc de dire des bêtises !

424 Comme toujours, il a imposé sa volonté.

425 Pourvu qu'il ne me fasse pas de difficultés.

401 Allein wirst du es nie schaffen.

402 Ich werde dir zeigen, daß ich das kann.

403 Meinen Erfolg habe ich niemandem zu verdanken.

404 Du mußt die Konsequenz daraus ziehen.

405 Wir haben einen sehr angenehmen Abend verbracht.

406 Hast du dein Zimmer aufgeräumt?

407 Nicht alle Deutschen sind blond.

408 Ihr Mann arbeitet bei Volkswagen.

409 Wir haben uns aus den Augen verloren.

410 Ausnahmen bestätigen die Regel.

411 Du mußt eine andere Lösung ins Auge fassen.

412 Du siehst heute morgen müde aus.

413 Ich weiß nicht, was das bedeutet.

414 Bei schönem Wetter kann man die Küste sehen.

415 Du weißt doch, daß ich keinen Wert darauf lege.

416 Ich hatte dich doch vor ihm gewarnt.

417 Es hängt leider nicht von mir ab.

418 Ich übernehme die Verantwortung für diese Entscheidung.

419 So schnell kann ich mich nicht entscheiden.

420 Du hast eine einmalige Gelegenheit verpaßt.

421 Er hat keine Mühe gescheut.

422 Er hat bedeutende Fortschritte gemacht.

423 Hör doch auf, dummes Zeug zu reden!

424 Wie immer hat er seinen Willen durchgesetzt.

425 Hoffentlich macht er mir keine Schwierigkeiten.

426 Tu commences à me taper sur les nerfs.
427 Je ne peux pas m'expliquer cet échec.
428 Mais cela va de soi !
429 Mieux vaut tard que jamais.
430 Il n'est pas compliqué et trouve tout formidable.
431 J'ai une nouvelle réjouissante pour toi.
432 Je refuse de prendre la faute sur moi.
433 De telles remarques, tu peux te les garder pour toi.
434 A ta place, je m'abstiendrais.
435 Si je ne m'abuse, vous êtes actrice de cinéma ?
436 Je maintiens mon point de vue.
437 Je considère la situation comme perdue.
438 Je préfère ne pas savoir ce qui m'attend.
439 Il ne lui pardonnera jamais de l'avoir ridiculisé.
440 Deux précautions valent mieux qu'une.
441 A condition que tu n'en parles pas.
442 Veux-tu me faire plaisir ?
443 Tu récoltes ce que tu as semé.
444 Je me suis rendu compte trop tard de mon erreur.
445 Je demande par pure curiosité.
446 Nous avons eu une crevaison.
447 Ça ne vaut pas la peine d'en parler.
448 Je ne te laisserai jamais tomber.
449 Nous avons eu un temps magnifique.
450 Cela n'est pas très important.

426 Du gehst mir allmählich auf die Nerven.

427 Ich kann mir diesen Mißerfolg nicht erklären.

428 Das ist doch selbstverständlich!

429 Besser spät als nie.

430 Er ist nicht kompliziert und findet alles prima.

431 Ich habe eine erfreuliche Nachricht für dich.

432 Ich weigere mich, die Schuld auf mich zu nehmen.

433 Solche Bermerkungen kannst du für dich behalten.

434 An deiner Stelle würde ich es unterlassen.

435 Wenn ich nicht irre, sind Sie Filmschauspielerin?

436 Ich bestehe auf meinem Standpunkt.

437 Ich betrachte die Lage als hoffnungslos.

438 Ich weiß lieber nicht, was mir bevorsteht.

439 Er wird ihr nie verzeihen, ihn lächerlich gemacht zu haben.

440 Sicher ist sicher.

441 Unter der Bedingung, daß du nicht davon sprichst.

442 Willst du mir eine Freude machen?

443 Du erntest, was du gesät hast.

444 Ich habe meinen Irrtum zu spät eingesehen.

445 Ich frage aus reiner Neugier.

446 Wir haben eine Reifenpanne gehabt.

447 Das ist nicht der Rede wert.

448 Ich werde dich nie im Stich lassen.

449 Wir haben herrliches Wetter gehabt.

450 Das hat nicht viel zu bedeuten.

451 Il faut que tu sois logique avec toi-même.
452 Il nous a reçus avec froideur.
453 Ce n'est absolument pas exclu.
454 Je préfère me retirer discrètement.
455 De toute façon, cela revient au même.
456 Qu'est-ce que tu en dis ?
457 Il se trouve actuellement dans une situation délicate.
458 J'ai failli tomber.
459 C'est ce que j'appelle une surprise !
460 Je le prendrai au mot.
461 Prends ton temps : ce n'est pas pressé.
462 Tu n'as pas à te gêner devant moi !
463 Puis-je vous demander un renseignement ?
464 Pour cela, il faut beaucoup de patience.
465 J'ai bonne conscience.
466 C'est bien fait pour lui.
467 Il trouve toujours le mot juste.
468 Tu n'as pas le choix.
469 Cela me paraît plutôt suspect.
470 Prends exemple sur ton ami Jürgen !
471 Cela n'a pas grande importance.
472 Je suppose que c'est déjà trop tard.
473 Le train de Berlin a deux heures de retard.
474 J'ai le sentiment de parler en l'air.
475 J'ai le mot sur le bout de la langue.

451 Du mußt konsequent sein.

452 Er hat uns kühl empfangen.

453 Das ist durchaus nicht ausgeschlossen.

454 Ich ziehe es vor, mich diskret zurückzuziehen.

455 Es kommt sowieso auf dasselbe hinaus.

456 Was sagst du dazu?

457 Er befindet sich derzeit in einer bedenklichen Lage.

458 Ich wäre beinahe hingefallen.

459 Das nenne ich aber eine Überraschung!

460 Ich werde ihn beim Wort nehmen.

461 Nimm dir Zeit: Es hat keine Eile.

462 Du brauchst dich vor mir nicht zu genieren!

463 Darf ich Sie um Auskunft bitten?

464 Dazu gehört viel Geduld.

465 Ich habe ein reines Gewissen.

466 Es geschieht ihm recht.

467 Er findet immer das treffende Wort.

468 Es bleibt dir nichts anderes übrig.

469 Es kommt mir eher verdächtig vor.

470 Nimm dir ein Beispiel an deinem Freund Jürgen!

471 Das hat keine große Bedeutung.

472 Ich nehme an, daß es schon zu spät ist.

473 Der Zug aus Berlin hat zwei Stunden Verspätung.

474 Ich habe das Gefühl, in den Wind zu reden.

475 Das Wort liegt mir auf der Zunge.

476 La fin justifie les moyens.

477 Cette nuit, j'ai fait un rêve étrange.

478 Je me suis ennuyé à mourir toute la soirée.

479 Tout ça n'a aucun sens !

480 N'oublie pas de fermer la porte à clef.

481 C'est dur à avaler !

482 Il faut bien prendre une décision.

483 Cela ne me fait ni chaud ni froid.

484 Apparemment, tu es de mauvaise humeur.

485 Ne jette pas d'huile sur le feu.

486 Combien de fois devrai-je te le répéter ?

487 Tu peux toujours attendre !

488 Je ne m'y attendais pas.

489 Il fallait le dire avant !

490 C'est la moindre des choses.

491 Je ne dis pas le contraire !

492 Il veut toujours avoir le dernier mot.

493 Cela n'a ni queue ni tête !

494 Ne te laisse pas influencer.

495 Je ne sais plus comment m'en sortir.

496 Que cela te plaise ou non.

497 Tu dépasses les bornes !

498 C'est simple comme bonjour.

499 Je le dis à tout hasard.

500 Avec plaisir !

24 juillet

476 Der Zweck heiligt die Mittel.
477 Heute nacht habe ich einen seltsamen Traum gehabt.
478 Ich habe mich den ganzen Abend zu Tode gelangweilt.
479 Das ist alles Unsinn!
480 Vergiß nicht, die Tür abzuschließen.
481 Das ist schwer zu schlucken!
482 Eine Entscheidung muß ja getroffen werden.
483 Das läßt mich kalt.
484 Anscheinend bist du schlecht gelaunt.
485 Gieß kein Öl ins Feuer.
486 Wie oft soll ich es dir noch sagen?
487 Da kannst du aber lange warten!
488 Ich war nicht darauf gefaßt.
489 Das hättest du früher sagen sollen!
490 Das ist doch selbstverständlich.
491 Das leugne ich nicht!
492 Er will immer das letzte Wort haben.
493 Das hat weder Hand noch Fuß!
494 Laß dich nicht beeinflussen.
495 Ich weiß mir nicht mehr zu helfen.
496 Ob es dir gefällt oder nicht.
497 Du gehst aber zu weit!
498 Das ist kinderleicht.
499 Ich sage es für alle Fälle.
500 Mit Vergnügen!

501 C'est ce qu'il y a de mieux à faire.
502 C'est une véritable catastrophe.
503 Si seulement tu pouvais cesser de mentir !
504 Je n'ai même pas essayé de l'en empêcher.
505 Je n'ai rien à ajouter.
506 Il faut agir avant qu'il ne soit trop tard.
507 Il a pris cette décision à la légère.
508 Trop de gens souffrent de la faim.
509 J'ai dit ça pour plaisanter.
510 T'as vraiment pas eu de pot !
511 Il a dû dépenser une somme folle.
512 C'est une situation paradoxale.
513 Depuis, il est toujours sur ses gardes.
514 Je n'en peux plus !
515 Je ne lui en garde pas rancune.
516 J'ai failli le croire.
517 Il paiera ses dettes : je m'en porte garant.
518 Je ne suis pas d'humeur à plaisanter.
519 Tout est bien qui finit bien.
520 Je ne peux pas me débarrasser de lui.
521 Il fait seulement semblant.
522 Je ne me sens pas visé.
523 Pourvu qu'il ne fasse pas de scandale.
524 On aura tout vu !
525 Je ne m'avoue pas vaincu.

501 Etwas Besseres läßt sich nicht machen.

502 Es ist die reine Katastrophe.

503 Wenn du nur aufhören könntest zu lügen!

504 Ich habe nicht einmal versucht, ihn davon abzuhalten.

505 Ich habe nichts hinzuzufügen.

506 Wir müssen handeln, bevor es zu spät ist.

507 Er hat diese Entscheidung leichtfertig getroffen.

508 Zuviele Menschen leiden Hunger.

509 Ich habe es zum Spaß gesagt.

510 Du hast wirklich Pech gehabt!

511 Er muß eine Unsumme ausgegeben haben.

512 Die Situation ist paradox.

513 Seitdem ist er immer auf der Hut.

514 Ich halte es nicht mehr aus!

515 Ich trage es ihm nicht nach.

516 Ich hätte ihm beinahe geglaubt.

517 Er wird seine Schulden bezahlen: Ich bürge dafür.

518 Mir ist nicht zum Spaßen zumute.

519 Ende gut, alles gut.

520 Ich kann ihn nicht loswerden.

521 Er tut nur als ob.

522 Ich fühle mich nicht angesprochen.

523 Hoffentlich macht er keinen Skandal.

524 Das ist unerhört!

525 Ich gebe mich nicht geschlagen.

526 Il est toujours à court d'argent.
527 Où as-tu fait sa connaissance ?
528 Tu n'as pas réagi assez vite.
529 Qui ne risque rien n'a rien.
530 C'est bien possible!
531 Demain après-midi au plus tard.
532 Ce n'est que partie remise.
533 Personne n'est à l'abri d'une erreur.
534 Cela m'a coûté les yeux de la tête.
535 Essaie de garder ton calme.
536 Cela va sans dire.
537 Je le sais de source sûre.
538 Il lui a promis monts et merveilles.
539 Il est capable de tout.
540 Cette question n'est pas de mon ressort.
541 Ne comptez pas sur moi : c'est trop risqué.
542 Je te promets de faire l'impossible.
543 Le travail est la clef du succès.
544 Sois prudente : c'est un beau parleur.
545 Ne dis donc pas n'importe quoi.
546 Il s'est montré compréhensif.
547 Ça vaut à peine le coup d'y aller.
548 Comme on fait son lit, on se couche.
549 Il faut te sortir cette idée de la tête.
550 Ses collègues de travail ne peuvent pas le sentir.

31 juillet

526 Er ist immer knapp bei Kasse.

527 Wo hast du ihn kennengelernt?

528 Du hast nicht schnell genug reagiert.

529 Wer nicht wagt, der nicht gewinnt.

530 Das ist schon möglich!

531 Spätestens morgen nachmittag.

532 Aufgeschoben ist nicht aufgehoben.

533 Niemand ist vor einem Irrtum sicher.

534 Das hat mich ein Schweinegeld gekostet.

535 Versuche, die Ruhe zu bewahren.

536 Das versteht sich von selbst.

537 Ich weiß es aus sicherer Quelle.

538 Er hat ihr goldene Berge versprochen.

539 Er ist zu allem fähig.

540 Ich bin für diese Frage nicht zuständig.

541 Rechnen Sie nicht mit mir: Es ist zu riskant.

542 Ich verspreche dir, mein Bestes zu tun.

543 Arbeit ist der Schlüssel zum Erfolg.

544 Sei vorsichtig: Er ist ein Schönredner.

545 Sag doch nicht irgendwas.

546 Er hat sich verständnisvoll gezeigt.

547 Es lohnt sich kaum hinzugehen.

548 Wie man sich bettet, so liegt man.

549 Das mußt du dir aus dem Kopf schlagen.

550 Seine Arbeitskollegen können ihn nicht riechen.

551 Ne nous leurrons pas !
552 Je crois que tu as besoin de repos.
553 Il travaille jour et nuit pour payer ses dettes.
554 Ma grand-mère est morte d'une crise cardiaque.
555 Nous sommes loin d'être sortis de l'auberge.
556 Il est assis toute la journée derrière son guichet.
557 Il a renoncé au voyage pour des raisons de sécurité.
558 Elle habite au bout de la rue.
559 Crois-moi : je l'apprécie.
560 D'une certaine façon, ce serait quand même dommage.
561 Qui aurait jamais pensé ça ?
562 Peux-tu passer chez moi demain matin ?
563 Je m'en balance complètement !
564 Quoi qu'il en soit, je garde mon opinion.
565 J'ai la conviction qu'il a menti.
566 On ne peut rien en conclure de définitif.
567 Il est le seul à avoir trouvé les six numéros gagnants.
568 Mais comment est-ce que tu as eu cette idée ?
569 Je me réjouis des prochaines vacances à la neige.
570 Il n'a pas caché son embarras.
571 Est-ce que tu peux mettre la radio un peu moins fort ?
572 Il s'est refusé à faire le moindre commentaire.
573 Autant que je sache, une carte d'identité suffit.
574 La prochaine fois, je prendrai mon temps !
575 Tu fais vraiment tout de travers !

551 Machen wir uns nichts vor!

552 Ich glaube, du hast Erholung nötig.

553 Er arbeitet Tag und Nacht, um seine Schulden zu bezahlen.

554 Meine Großmutter ist an einem Herzschlag gestorben.

555 Wir sind noch lange nicht über den Berg.

556 Er sitzt den ganzen Tag hinter seinem Schalter.

557 Er hat aus Sicherheitsgründen auf die Reise verzichtet.

558 Sie wohnt am Ende der Straße.

559 Glaube mir: Ich weiß es zu schätzen.

560 Es wäre irgendwie doch schade.

561 Wer hätte das je gedacht?

562 Kannst du morgen früh bei mir vorbeikommen?

563 Das ist mir völlig Wurscht!

564 Wie dem auch sei, ich bleibe bei meiner Meinung.

565 Ich bin der Überzeugung, daß er gelogen hat.

566 Man kann nichts Endgültiges daraus schließen.

567 Er hat die sechs Gewinnzahlen als einziger gefunden.

568 Wie bist du bloß auf diese Idee gekommen?

569 Ich freue mich auf die nächsten Skiferien.

570 Er hat seine Verlegenheit nicht verborgen.

571 Kannst du das Radio etwas leiser stellen?

572 Er hat sich geweigert, irgendeinen Kommentar zu machen.

573 Soviel ich weiß, genügt ein Personalausweis.

574 Das nächste Mal werde ich mir Zeit nehmen!

575 Du machst wirklich alles verkehrt!

576 Je n'éprouve pas de sympathie particulière pour lui.
577 Je peux m'imaginer ta déception.
578 Ça n'est malheureusement pas en mon pouvoir.
579 J'ai du mal à y renoncer.
580 Je pense sans cesse à toi et tu me manques beaucoup.
581 Il suffit d'appuyer sur un bouton.
582 Je ne doute pas de sa bonne volonté.
583 Est-ce que tu as bientôt fini ?
584 Tu aurais dû écouter ton père.
585 Notre méthode a fait ses preuves.
586 Dans ce métier, tu as des perspectives d'avenir.
587 Je t'avais expressément interdit d'en parler.
588 Tu devrais suivre l'exemple de ton cousin.
589 Je me renseignerai sur une autre possibilité.
590 On ne voit pas encore la fin de la crise.
591 Tu ne peux quand même pas exiger ça de lui.
592 Il fait semblant de ne pas avoir entendu la question.
593 Il ne m'a pas fait part de son intention.
594 Il a fallu le transporter d'urgence à l'hôpital.
595 Pouvez-vous répéter votre question ?
596 Les touristes sont plus faciles à traire que les vaches.
597 Il aurait pu être sauvé.
598 Puis-je ouvrir la fenêtre ?
599 Ta remarque est déplacée.
600 Nous nous sommes mis d'accord sur le prix.

576 Ich empfinde keine besondere Sympathie für ihn.

577 Ich kann mir deine Enttäuschung vorstellen.

578 Es liegt leider nicht in meiner Macht.

579 Es fällt mir schwer, darauf zu verzichten.

580 Ich denke immerzu an dich und ich vermisse dich sehr.

581 Man braucht nur auf einen Knopf zu drücken.

582 Ich zweifle nicht an seinem guten Willen.

583 Ob du bald fertig bist?

584 Du hättest auf deinen Vater hören sollen.

585 Unsere Methode hat sich bewährt.

586 In diesem Beruf hast du Zukunftsaussichten.

587 Ich hatte dir ausdrücklich verboten, davon zu sprechen.

588 Du solltest dem Beispiel deines Vetters folgen.

589 Ich werde mich nach einer anderen Möglichkeit erkundigen.

590 Das Ende der Krise ist noch nicht abzusehen.

591 Das kannst du doch nicht von ihm verlangen.

592 Er tut, als ob er die Frage nicht gehört hätte.

593 Er hat mir seine Absicht nicht mitgeteilt.

594 Er mußte dringend ins Krankenhaus gebracht werden.

595 Können Sie Ihre Frage wiederholen?

596 Touristen sind leichter zu melken als Kühe.

597 Er hätte gerettet werden können.

598 Darf ich das Fenster öffnen?

599 Deine Bemerkung ist unangebracht.

600 Wir haben uns über den Preis geeinigt.

601 Ça, je peux m'en douter !
602 Il ne recule devant rien.
603 Je m'attends au pire.
604 Je te souhaite un bon anniversaire.
605 Ce n'est pas du tout comparable.
606 Cette solution ne me satisfait pas entièrement.
607 Vous devez garder le bon de garantie.
608 Comment as-tu trouvé la pièce ?
609 J'ai appris la nouvelle par hasard.
610 Que dis-tu de mon plan ?
611 Un ami a attiré mon attention sur le danger.
612 C'est la première fois que j'en entends parler.
613 Elle habite à proximité de la gare.
614 Es-tu aussi de cet avis ?
615 Il a déclenché une réaction en chaîne.
616 Je te remercie pour tout ce que tu as fait pour moi.
617 En ce qui me concerne, je ne peux pas me plaindre.
618 J'ai accepté tout de suite sa proposition.
619 Je discuterai de ce cas avec toi demain.
620 Tu peux être fier de toi !
621 Tes objections ne sont pas fondées.
622 J'ai du travail par-dessus la tête.
623 Un ami de mon père m'a procuré des billets d'entrée.
624 Il ne connaît vraiment pas de limites.
625 Il trouve toujours un bon prétexte.

601 Das kann ich mir denken!

602 Er schreckt vor nichts zurück.

603 Ich bin auf das Schlimmste gefaßt.

604 Ich gratuliere dir zum Geburtstag.

605 Das ist überhaupt nicht zu vergleichen.

606 Diese Lösung befriedigt mich nicht ganz.

607 Sie müssen den Garantieschein aufbewahren.

608 Wie hat dir das Stück gefallen?

609 Ich habe die Nachricht durch Zufall erfahren.

610 Was hältst du von meinem Plan?

611 Ein Freund hat mich auf die Gefahr aufmerksam gemacht.

612 Ich höre zum ersten Mal davon.

613 Sie wohnt in der Nähe des Bahnhofs.

614 Bist du auch der Meinung?

615 Er hat eine Kettenreaktion ausgelöst.

616 Ich danke dir für alles, was du für mich getan hast.

617 Was mich angeht, so kann ich nicht klagen.

618 Ich habe sein Angebot sofort angenommen.

619 Ich werde diesen Fall morgen mit dir besprechen.

620 Du kannst stolz auf dich sein!

621 Deine Einwände sind nicht berechtigt.

622 Ich habe beide Hände voll zu tun.

623 Ein Freund meines Vaters hat mir Eintrittskarten besorgt.

624 Er kennt wirklich keine Grenzen.

625 Er hat immer eine Ausrede parat.

626 La nuit, ce quartier est très dangereux.
627 Le voyage a duré près de dix heures.
628 Cet incident n'était pas prévu.
629 Il m'a écouté en silence.
630 Pouvez-vous me réveiller demain matin à six heures ?
631 Tu pourrais au moins t'excuser.
632 Il s'est laissé entraîner à boire.
633 Nous avons rencontré une vive résistance.
634 Sur ce point, nous avons des avis divergents.
635 Aucun ne veut faire le premier pas.
636 Ils n'ont pas tiré la leçon du passé.
637 Ça n'arrive que dans les romans d'amour.
638 Il faut absolument que tu ailles voir ce film.
639 Il faut que tu reprennes ce problème au début.
640 Je le fais pour que tu ne me fasses pas de reproches.
641 Il a essayé par tous les moyens de m'en convaincre.
642 Je ne gagne pas assez pour faire des économies.
643 Elle l'a attiré dans un piège.
644 Tu as encore oublié d'éteindre la lumière.
645 Pour qui me prends-tu au juste ?
646 Tu ne peux quand même pas me reprocher ça.
647 Seul, je ne peux pas surmonter cette difficulté.
648 Rira bien qui rira le dernier.
649 Il essaie de rester maître de la situation.
650 Ça me gêne beaucoup de devoir te le dire.

31 juillet

626 Nachts ist dieses Viertel sehr gefährlich.
627 Die Fahrt hat fast zehn Stunden gedauert.
628 Dieser Zwischenfall war nicht vorgesehen.
629 Er hat mir stillschweigend zugehört.
630 Können Sie mich morgen früh um sechs Uhr wecken?
631 Du könntest dich wenigstens entschuldigen.
632 Er hat sich zum Trinken verführen lassen.
633 Wir sind auf heftigen Widerstand gestoßen.
634 In diesem Punkt sind wir geteilter Meinung.
635 Keiner will den ersten Schritt machen.
636 Sie haben aus der Vergangenheit nicht gelernt.
637 Das kommt nur in Liebesromanen vor.
638 Du mußt dir diesen Film unbedingt ansehen.
639 Du mußt dieses Problem von vorne wieder anpacken.
640 Ich tue es, damit du mir keine Vorwürfe machst.
641 Er hat mit allen Mitteln versucht, mich davon zu überzeugen.
642 Ich verdiene zu wenig, um sparen zu können.
643 Sie hat ihn in eine Falle gelockt.
644 Du hast schon wieder vergessen, das Licht auszuschalten.
645 Wofür hältst du mich eigentlich?
646 Das kannst du mir doch nicht zum Vorwurf machen.
647 Allein kann ich diese Schwierigkeit nicht überwinden.
648 Wer zuletzt lacht, lacht am besten.
649 Er versucht, Herr der Lage zu bleiben.
650 Es ist mir sehr peinlich, es dir sagen zu müssen.

651 Elle ne l'a pas épousé seulement par amour.
652 Est-ce que je peux te rappeler plus tard ? (au téléphone)
653 Nous cherchons un trois pièces.
654 Fais attention à ce que personne ne te voie !
655 Elle portait une robe d'été bleue.
656 Cet écrivain est issu d'une famille pauvre.
657 On a sonné ; ouvre la porte s'il te plaît !
658 A vingt ans, on peut vivre d'amour et d'eau fraîche.
659 Je boirais bien un verre de bière.
660 J'étais si fatigué que je me suis endormi tout de suite.
661 Nous avons tiré la leçon de notre défaite.
662 J'ai dérapé dans un virage.
663 Le succès lui est monté à la tête.
664 Tu as eu de la chance de rentrer dans tes frais.
665 Nous avons visité le château de Charlottenburg.
666 La vieille ville est classée monument historique.
667 A mes yeux il a surestimé ses forces.
668 Nous avions pourtant bien préparé ce voyage.
669 Ça fait des mois que je suis sans nouvelles de lui.
670 Nous n'avons pas encore épuisé toutes les possibilités.
671 Je ne peux pas résister plus longtemps à la tentation.
672 Depuis ce matin elle rouspète sans discontinuer.
673 Je me suis laissé surprendre par l'orage.
674 Ça ne peut pas continuer comme ça.
675 Je crains qu'il ne soit pas à la hauteur de sa tâche.

651 Sie hat ihn nicht nur aus Liebe geheiratet.

652 Kann ich dich später zurückrufen?

653 Wir suchen eine Drei-Zimmer-Wohnung.

654 Paß auf, daß dich niemand sieht!

655 Sie hatte ein blaues Sommerkleid an.

656 Dieser Schriftsteller stammt aus einer armen Familie.

657 Es hat geklingelt; mach bitte die Tür auf!

658 Mit zwanzig kann man von Luft und Liebe leben.

659 Ich hätte Lust auf ein Glas Bier.

660 Ich war so müde, daß ich sofort eingeschlafen bin.

661 Wir haben die Lehre aus unserer Niederlage gezogen.

662 Ich bin in einer Kurve ausgerutscht.

663 Der Erfolg ist ihm zu Kopf gestiegen.

664 Du hast Glück gehabt, auf deine Kosten zu kommen.

665 Wir haben das Schloß Charlottenburg besichtigt.

666 Die Altstadt steht unter Denkmalschutz.

667 In meinen Augen hat er seine Kräfte überschätzt.

668 Dabei hatten wir diese Reise gut vorbereitet.

669 Ich habe seit Monaten nicht von ihm gehört.

670 Noch haben wir nicht alle Möglichkeiten erschöpft.

671 Ich kann der Versuchung nicht länger widerstehen.

672 Seit heute morgen meckert sie andauernd.

673 Ich habe mich vom Gewitter überraschen lassen.

674 So kann es nicht weitergehen.

675 Ich fürchte, er ist seiner Aufgabe nicht gewachsen.

676 Je n'ai pas fermé l'œil de la nuit.
677 En été, je travaille comme guide touristique.
678 Ils ont squatté un appartement inoccupé.
679 Il n'est pas très pointilleux sur la réglementation.
680 Financièrement je suis dépendant de mes parents.
681 Tu n'as pas d'ordres à me donner !
682 Je ne suis pas habitué à me coucher si tard.
683 Durant la journée, un vent frais souffle de la mer.
684 Tu ne peux pas lui demander de faire seul ce travail.
685 Je ne peux pas sortir ; je ne suis pas encore guéri.
686 Vas-y maintenant ; je te rejoindrai plus tard.
687 N'oublie pas de lui demander son adresse.
688 Au fond, il n'a fait de mal à personne.
689 Il veut à tout prix être toujours le meilleur.
690 La manifestation a lieu sur la place du marché.
691 Il faut que je me fasse couper les cheveux.
692 Où irions-nous si tout le monde faisait ça ?
693 Je voudrais ajouter quelques mots.
694 Nous avons prolongé notre séjour d'une semaine.
695 Il a annulé sa visite au dernier moment.
696 Les jeunes rejettent la société de consommation.
697 Ne te casse pas la tête, j'ai la solution.
698 Il n'a pas regardé à la dépense pour lui plaire.
699 Sois prudente : il ne cherche qu'une aventure.
700 Je sors un instant ; peux-tu faire attention à ma valise ?

676 Ich habe die ganze Nacht kein Auge zugemacht.

677 Im Sommer arbeite ich als Fremdenführer.

678 Sie haben eine leerstehende Wohnung besetzt.

679 Er nimmt es mit der Regelung nicht sehr genau.

680 Finanziell bin ich von meinen Eltern abhängig.

681 Du hast mir keine Befehle zu geben!

682 Ich bin es nicht gewohnt, so spät ins Bett zu gehen.

683 Am Tage weht ein frischer Wind vom Meer.

684 Du kannst ihm nicht zumuten, daß er die Arbeit allein macht.

685 Ich kann nicht ausgehen; ich bin nocht nicht wieder gesund.

686 Geh schon hin; ich komme später nach.

687 Vergiß nicht, ihn nach seiner Adresse zu fragen.

688 Im Grunde genommen hat er niemandem geschadet.

689 Er will um jeden Preis immer der Beste sein.

690 Die Kundgebung findet auf dem Marktplatz statt.

691 Ich muß mir die Haare schneiden lassen.

692 Wo kämen wir hin, wenn alle Leute das täten?

693 Ich möchte ein paar Worte hinzufügen.

694 Wir haben unseren Aufenthalt um eine Woche verlängert.

695 Er hat seinen Besuch im letzten Augenblick abgesagt.

696 die Jugendlichen lehnen die Konsumgesellschaft ab.

697 Zerbrich dir nicht den Kopf, ich habe die Lösung.

698 Er hat keine Kosten gescheut, um ihr zu gefallen.

699 Sei vorsichtig: Er sucht nur ein Abenteuer.

700 Ich gehe kurz 'raus; kannst du auf meinen Koffer aufpassen?

701 C'est beaucoup moins cher que je ne pensais.
702 Je peux à peine te décrire sa joie à cette idée.
703 Tu aurais pu être un peu plus aimable avec elle.
704 Quel est ton animal préféré ? Moi, c'est le chien.
705 Habiter en banlieue, c'est pour moi un cauchemar.
706 Je te l'expliquerai plus tard.
707 Quand je bois du vin blanc, j'ai des maux de tête.
708 Mon père cuisine presque aussi bien que ma mère.
709 J'espère que ça va marcher !
710 Nos enfants ont grandi à la campagne.
711 A quelle heure désirez-vous prendre le petit déjeuner ?
712 Le lait, c'est bon pour la santé, disait ma grand-mère.
713 Demain, c'est mon anniversaire ; j'ai invité des amis.
714 Si je veux lui prêter de l'argent ? Certainement pas !
715 La prochaine fois, j'emploierai une autre méthode.
716 Ne t'énerve donc pas comme ça; ça ne sert à rien.
717 Dépêche-toi, sinon tu vas rater le train.
718 Je ne suis pas sourd ; c'est pas la peine de crier si fort.
719 Je l'ai reconnu aussitôt à sa voix.
720 Le jus d'oranges et la bière sont dans le réfrigérateur.
721 J'achète pratiquement tout dans une boutique bio.
722 Il n'est plus que l'ombre de lui-même.
723 Pourquoi faut-il que tu fasses un tel cirque ?
724 En hiver, nous allons toujours dans les Alpes.
725 Je me trouve devant une tâche difficile.

701 Es ist viel billiger, als ich dachte.

702 Ich kann dir seine Freude darauf kaum beschreiben.

703 Du hättest ein bißchen freundlicher zu ihr sein können.

704 Welches ist dein Lieblingstier? Meins ist der Hund.

705 In der Vorstadt zu wohnen, ist für mich ein Alptraum.

706 Ich werde es dir später erklären.

707 Wenn ich Weißwein trinke, bekomme ich Kopfschmerzen.

708 Mein Vater kocht fast so gut wie meine Mutter.

709 Hoffentlich klappt es!

710 Unsere Kinder sind auf dem Land aufgewachsen.

711 Um wieviel Uhr möchten Sie frühstücken?

712 Milch ist gesund, sagte meine Großmutter.

713 Morgen habe ich Geburtstag; ich habe Freunde eingeladen.

714 Ob ich ihm Geld leihen will? Bestimmt nicht!

715 Das nächste Mal werde ich eine andere Methode anwenden.

716 Reg dich doch nicht so auf; es nützt nichts.

717 Beeile dich, sonst wirst du den Zug verpassen.

718 Ich bin nicht taub; du brauchst nicht so laut zu schreien.

719 Ich habe ihn sofort an der Stimme erkannt.

720 Orangensaft und Bier sind im Kühlschrank.

721 Ich kaufe praktisch alles in einem Bioladen.

722 Er ist nur noch der Schatten seiner selbst.

723 Warum mußt du einen solchen Zirkus machen?

724 Im Winter fahren wir immer in die Alpen.

725 Ich stehe vor einer schwierigen Aufgabe.

726 J'ai eu une panne de voiture sur l'autoroute.
727 J'admire la patience que tu as avec lui.
728 Puis-je vous raccompagner chez vous ?
729 Tu devrais essayer une autre méthode.
730 Cette nuit, je me suis réveillé plusieurs fois.
731 Maintenant, j'en ai vraiment assez.
732 J'ai réservé une table pour quatre personnes.
733 Il trime toute la journée pour nourrir sa famille.
734 Il ne faut pas généraliser trop vite.
735 Elle loue une chambre à un étudiant.
736 Je regrette, mais c'est trop demander !
737 Il ne s'est même pas excusé.
738 Sa situation est pratiquement sans issue.
739 De plus en plus de gens croient à la médecine douce.
740 Avec des devises on trouve tout au marché noir.
741 Il a l'air naïf, mais il ne s'en laisse pas conter.
742 Le voleur a disparu dans la foule.
743 Il faut prendre les gens comme ils sont.
744 J'éprouve un sentiment d'impuissance.
745 Je ne l'en crois pas capable, mais on ne sait jamais.
746 Il paye ses achats avec sa carte de crédit.
747 J'ai passé la nuit dans une auberge de jeunesse.
748 Son mari travaille comme journaliste à la télévision.
749 Tu sais très bien qu'ils ont des intérêts communs.
750 Le chef de rayon est un homme fiable.

1er avril

726 Ich habe auf der Autobahn eine Autopanne gehabt.
727 Ich bewundere deine Geduld mit ihm.
728 Darf ich Sie nach Hause begleiten?
729 Du solltest eine andere Methode ausprobieren.
730 Heute nacht bin ich mehrmals aufgewacht.
731 Es hat mir nun wirklich gereicht.
732 Ich habe einen Tisch für vier Personen reserviert.
733 Er schuftet den ganzen Tag, um seine Familie zu ernähren.
734 Man darf nicht zu schnell verallgemeinern.
735 Sie vermietet ein Zimmer an einen Studenten.
736 Es tut mir leid, aber es ist zuviel verlangt!
737 Er hat sich nicht einmal entschuldigt.
738 Seine Lage ist praktisch aussichtslos.
739 Immer mehr Menschen glauben an die sanfte Medizin.
740 Mit Devisen findet man alles auf dem Schwarzmarkt.
741 Er sieht naiv aus, aber er läßt sich keine Märchen erzählen.
742 Der Dieb ist in der Menge verschwunden.
743 Man muß die Menschen nehmen, wie sie sind.
744 Ich empfinde ein Gefühl der Ohnmacht.
745 Ich traue es ihm nicht zu, aber man weiß nie.
746 Er bezahlt seine Einkäufe mit seiner Kreditkarte.
747 Ich habe in einer Jugendherberge übernachtet.
748 Ihr Mann arbeitet als Journalist beim Fernsehen.
749 Du weißt sehr gut, daß sie gemeinsame Interessen haben.
750 Der Abteilungsleiter ist ein zuverlässiger Mensch.

751 Y'a une chose que tu ne dois pas oublier : il a le temps.
752 L'évolution de la crise inquiète la population.
753 Ça ne marche pas aussi facilement que ça.
754 Puis-je vous demander du feu ?
755 Ce qu'il a fait n'est pas bien sorcier.
756 Je ne suis pas en mesure de continuer à t'aider.
757 Ce que tu affirmes est faux et tu le sais.
758 Le courrier est sur la table de la cuisine.
759 Je suis enrhumé depuis plusieurs jours.
760 Je serai de retour au plus tard dans quinze jours.
761 Personne ne sait ce qu'il est devenu.
762 A ton âge, je n'avais pas d'argent de poche.
763 La lumière a brûlé toute la nuit.
764 Je suis impatient de connaître le résultat.
765 A cette époque il n'avait que quinze ans.
766 Ses parents l'ont peut-être trop gâté.
767 Ce n'est pas moi, je te le jure.
768 Son frère a fait ses études à l'université de Heidelberg.
769 Comment es-tu arrivé à cette conclusion ?
770 Son absence n'a pas été remarquée.
771 Nous avons tous poussé des cris de joie.
772 Beaucoup de jeunes n'ont pas de but dans la vie.
773 Il n'a pas trouvé la reconnaissance qu'il mérite.
774 Toute la population a contribué à la victoire.
775 Ce serait pour moi une raison d'abandonner.

1er août

751 Eins darfst du nicht vergessen: Er hat Zeit.

752 Die Entwicklung der Krise beunruhigt die Bevölkerung.

753 So einfach geht das nicht.

754 Darf ich Sie um Feuer bitten?

755 Was er getan hat, ist kein großes Kunststück.

756 Ich bin nicht in der Lage, dir weiter zu helfen.

757 Was du behauptest, stimmt nicht und du weißt es.

758 Die Post liegt auf dem Küchentisch.

759 Ich bin seit mehreren Tagen erkältet.

760 Ich bin spätestens in vierzehn Tagen zurück.

761 Kein Mensch weiß, was aus ihm geworden ist.

762 In deinem Alter bekam ich kein Taschengeld.

763 Das Licht hat die ganze Nacht gebrannt.

764 Ich bin auf das Ergebnis gespannt.

765 Damals war er erst fünfzehn Jahre alt.

766 Seine Eltern haben ihn vielleicht zu sehr verwöhnt.

767 Ich bin es nicht, ich schwöre es dir.

768 Ihr Bruder hat an der Universität Heidelberg studiert.

769 Wie bist du zu diesem Schluß gekommen?

770 Seine Abwesenheit ist nicht aufgefallen.

771 Wir haben alle gejubelt.

772 Viele Jugendliche haben kein Ziel im Leben.

773 Er hat die Anerkennung, die er verdient, nicht gefunden.

774 Die ganze Bevölkerung hat zum Sieg beigetragen.

775 Es wäre für mich ein Grund aufzugeben.

776 Leur fils a enfin un boulot en vue.
777 Ça vaut la peine d'être poli et patient.
778 Depuis des années, il s'entraîne six heures par jour.
779 Ce serait une alternative de rêve !
780 Je trouve ton idée superformidable.
781 Il m'a fait une proposition très avantageuse.
782 Il l'a fait de sa propre initiative.
783 Il semble y avoir définitivement renoncé.
784 Durant la journée, il fait une chaleur étouffante.
785 L'un n'exclut pas l'autre.
786 Je connais le coin comme ma poche.
787 J'ai accroché ton manteau au vestiaire.
788 Je rêve de me faire construire une maison.
789 Une chose est sûre : c'est plus facile à dire qu'à faire.
790 Il m'a promis de venir nous voir pendant les vacances.
791 Crois-moi : le plus tôt sera le mieux.
792 Le chien du voisin a aboyé toute la nuit.
793 Ta remarque l'a profondément vexé.
794 Je me suis cassé la jambe en skiant.
795 Je considère qu'il est de mon devoir de l'aider.
796 J'ai mis de la bière et du Coca dans le réfrigérateur.
797 Il a souligné les avantages de la nouvelle machine.
798 Il te faudra patienter un peu.
799 Ce n'est vraiment pas le moment de te laisser aller.
800 Je me suis fixé comme but de devenir médecin.

2 août 2003

776 Ihr Sohn hat endlich einen Job in Aussicht.

777 Es macht sich bezahlt, höflich und geduldig zu sein.

778 Seit Jahren übt er acht Stunden am Tag.

779 Das wäre eine Traum-Alternative!

780 Ich finde deine Idee ganz toll.

781 Er hat mir ein sehr günstiges Angebot gemacht.

782 Er hat es aus eigener Initiative getan.

783 Er scheint, endgültig darauf verzichtet zu haben.

784 Tagsüber herrscht eine drückende Hitze.

785 Das eine schließt das andere nicht aus.

786 Ich kenne die Gegend in- und auswendig.

787 Ich habe deinen Mantel in der Garderobe aufgehängt.

788 Ich träume davon, mir ein Haus bauen zu lassen.

789 Eines steht fest: Das ist leichter gesagt als getan.

790 Er hat mir versprochen, uns in den Ferien zu besuchen.

791 Glaube mir: Je früher, desto besser.

792 Der Hund des Nachbars hat die ganze Nacht gebellt.

793 Deine Bemerkung hat ihn tief beleidigt.

794 Ich habe mir beim Skifahren das Bein gebrochen.

795 Ich betrachte es als meine Pflicht, ihm zu helfen.

796 Ich habe Bier und Cola in den Kühlschrank gestellt.

797 Er hat die Vorteile der neuen Maschine betont.

798 Du wirst dich ein bißchen gedulden müssen.

799 Laß dich jetzt bloß nicht gehen.

800 Ich habe mir zum Ziel gesetzt, Arzt zu werden.

801 Maintenant, je suis assis entre deux chaises.
802 Achète le pain chez le boulanger, pas au supermarché.
803 Le soir, elle mange une assiette de soupe.
804 Je ne sais pas si je dois en rire ou en pleurer.
805 Il s'agit d'un cas sans précédent.
806 La criminalité juvénile augmente de façon inquiétante.
807 Un ami a mis sa maison de campagne à ma disposition.
808 Si tu continues comme ça, tu n'arriveras jamais à rien.
809 Tu n'as pas que des droits, mais aussi des devoirs.
810 Il prétend avoir pris sa décision tout seul.
811 Tu peux garder tes conseils pour toi !
812 Depuis une semaine, il n'a ni écrit, ni téléphoné.
813 Les prix augmentent plus vite que les salaires.
814 Autres pays, autres mœurs.
815 Roule moins vite, la route est glissante.
816 C'est justement ce qui fait la différence.
817 Je voudrais des cachets contre les maux de tête.
818 On m'a volé ma bicyclette pour la troisième fois.
819 Tu ferais mieux de la fermer ! (= te taire)
820 Son mari n'exprime pas volontiers ses sentiments.
821 J'ai fait une promenade autour du lac.
822 J'ai eu une dispute avec le voisin d'à côté.
823 Vous désirez du thé ou du café ?
824 La tour Eiffel est connue dans le monde entier.
825 Je fais du sport pour rester en forme.

801 Jetzt sitze ich zwischen zwei Stühlen.

802 Kauf das Brot beim Bäcker, nicht im Supermarkt.

803 Abends ißt sie einen Teller Suppe.

804 Ich weiß nicht, ob ich darüber lachen oder weinen soll.

805 Es handelt sich um einen beispiellosen Fall.

806 Die Jugendkriminalität nimmt bedenklich zu.

807 Ein Freund hat mir sein Landhaus zur Verfügung gestellt.

808 Wenn du so weiter machst, wirst du es nie zu etwas bringen.

809 Du hast nicht nur Rechte, sondern auch Pflichten.

810 Er will seinen Entschluß allein gefaßt haben.

811 Du kannst deine Ratschläge für dich behalten!

812 Seit einer Woche hat er weder geschrieben noch angerufen.

813 Die Preise steigen schneller als die Löhne.

814 Andere Länder, andere Sitten.

815 Fahr langsamer, die Straße ist glatt.

816 Das macht eben den Unterschied aus.

817 Ich möchte Tabletten gegen Kopfschmerzen.

818 Man hat mir das Fahrrad zum dritten Mal gestohlen.

819 Halt du lieber deinen Mund!

820 Ihr Mann drückt seine Gefühle nicht gern aus.

821 Ich habe einen Spaziergang rund um den See gemacht.

822 Ich habe mit dem Nachbar von nebenan Streit gehabt.

823 Möchten Sie Tee oder Kaffee?

824 Der Eiffelturm ist in der ganzen Welt bekannt.

825 Ich treibe Sport, um fit zu bleiben.

826 C'est pas vrai ! J'aurais jamais cru ça de lui!
827 Cette année, nous fêterons Noël en Suisse.
828 Où puis-je me laver les mains ?
829 J'ai dû le confondre avec son frère.
830 Tu commences à me taper sur les nerfs.
831 Entre deux maux, il faut choisir le moindre.
832 Ce restaurant est ouvert 24 heures sur 24.
833 Nul n'est censé ignorer la loi.
834 Mes parents passent les mois d'hiver dans le sud.
835 Là-dessus, nous avons des avis divergents.
836 Nous l'avons cherché partout en vain.
837 Il ne peut pas venir ? Tant mieux !
838 Le champagne est meilleur que le mousseux.
839 Je te présente Klaus, un ami d'enfance.
840 Que se passe-t-il, il n'y a plus d'eau chaude ?
841 En été, nous faisons de la randonnée dans les Alpes.
842 Ma grand-mère n'est encore jamais allée à Berlin.
843 La droite défend les valeurs traditionnelles.
844 Plusieurs médecins l'ont examiné.
845 Il y a diverses possibilités pour le faire.
846 Serais-tu par hasard devenu fou ?
847 Les traces subsistent encore aujourd'hui.
848 La journée portes ouvertes a été un succès.
849 Je ne me sens pas concerné par ce problème.
850 Ce n'est pas la peine de te gêner devant moi.

Laut

826 Das kann nicht wahr sein! Das hätte ich nie von ihm gedacht!

827 Dieses Jahr werden wir Weihnachten in der Schweiz feiern.

828 Wo kann ich mir die Hände waschen?

829 Ich muß ihn mit seinem Bruder verwechselt haben.

830 Du gehst mir allmählich auf den Wecker.

831 Zwischen zwei Übeln muß man das kleinere wählen.

832 Dieses Restaurant ist rund um die Uhr geöffnet.

833 Unkenntnis schützt vor Strafe nicht.

834 Meine Eltern verbringen die Wintermonate im Süden.

835 Darüber sind wir verschiedener Meinung.

836 Wir haben ihn überall vergeblich gesucht.

837 Er kann nicht mitkommen? Um so besser!

838 Champagner schmeckt besser als Sekt.

839 Ich stelle dir Klaus vor, einen Jugendfreund.

840 Was ist los, es gibt kein Warmwasser mehr?

841 Im Sommer wandern wir in den Alpen.

842 Meine Großmutter war noch nie in Berlin.

843 Die Rechte verteidigt die traditionellen Werte.

844 Mehrere Ärzte haben ihn untersucht.

845 Es gibt verschiedene Möglichkeiten, das zu tun.

846 Bist du etwa verrückt geworden?

847 Die Spuren bestehen heute noch.

848 Der Tag der offenen Tür war ein Erfolg.

849 Ich fühle mich von diesem Problem nicht betroffen.

850 Du brauchst dich vor mir nicht zu genieren.

851 Son enthousiasme a été de courte durée.
852 Sa femme le mène par le bout du nez.
853 Par nature, je suis plutôt paresseux.
854 Ce choix comporte des risques financiers.
855 Je voulais seulement mettre sa fidélité à l'épreuve.
856 Tu ne peux quand même pas affirmer ça sérieusement.
857 Le coupable n'a pas opposé de résistance.
858 Ses contradictions ont éveillé la méfiance de la police.
859 Il est membre de l'association sportive de son quartier.
860 Une rechute n'est absolument pas exclue.
861 Je dois avouer honnêtement que je n'y ai pas pensé.
862 Il s'agit d'une affaire personnelle.
863 Il n'est pas autorisé d'amener des animaux.
864 Nous avons dîné en ville.
865 Le service et la TVA sont compris.
866 Il m'a montré sa collection de tableaux.
867 La voiture est en assez mauvais état.
868 A chaque fois, ils me font remplir un questionnaire.
869 Actuellement, j'ai d'autres soucis.
870 Reste assis : le film n'est pas encore terminé.
871 Pouvez-vous me passer le pain s'il vous plaît ?
872 Son mari a réparé lui-même le téléviseur.
873 J'ai porté ton costume au nettoyage.
874 Aucun expert n'avait prévu cette évolution.
875 Il ne sait pas nager et a failli se noyer.

851 Seine Begeisterung war von kurzer Dauer.

852 Seine Frau führt ihn an der Nase herum.

853 Von Natur aus bin ich eher faul.

854 Diese Wahl ist mit finanziellen Risiken verbunden.

855 Ich wollte nur seine Treue auf die Probe stellen.

856 Das kannst du doch nicht allen Ernstes behaupten!

857 Der Täter hat keinen Widerstand geleistet.

858 Seine Widersprüche haben das Mißtrauen der Polizei geweckt.

859 Er ist Mitglied des Sportvereins seines Viertels.

860 Ein Rückfall ist durchaus nicht ausgeschlossen.

861 Ich muß ehrlich zugeben, daß ich nicht daran gedacht habe.

862 Es handelt sich um eine persönliche Angelegenheit.

863 Tiere dürfen nicht mitgenommen werden.

864 Wir haben in der Stadt zu Abend gegessen.

865 Bedienung und Mehrwertsteuer sind inbegriffen.

866 Er hat mir seine Bildersammlung gezeigt.

867 Das Auto ist in ziemlich schlechtem Zustand.

868 Jedesmal lassen sie mich einen Fragebogen ausfüllen.

869 Ich habe zur Zeit andere Sorgen.

870 Bleib sitzen: Der Film ist noch nicht zu Ende.

871 Können Sie mir bitte das Brot reichen?

872 Ihr Mann hat den Fernseher selbst repariert.

873 Ich habe deinen Anzug zum Reinigen gebracht.

874 Kein Experte hatte diese Entwicklung vorausgesehen.

875 Er kann nicht schwimmen und wäre beinahe ertrunken.

876 Ne raconte donc pas de bêtises !
877 C'est écrit noir sur blanc dans la constitution.
878 Enfant, je collectionnais les timbres-poste.
879 Tu ne devrais pas tant fumer !
880 Laisse-le donc parler, il est ivre.
881 C'est vraiment dommage pour sa réputation.
882 Parfois je me demande comment j'y suis arrivé.
883 Je viens de le lire dans le journal.
884 Il n'a jamais appris à vivre modestement.
885 Le chat est l'animal préféré des enfants.
886 J'aime regarder le coucher du soleil.
887 Le trou dans la couche d'ozone s'est agrandi.
888 Ils parlaient à voix basse pour ne pas me réveiller.
889 La vie à la campagne serait trop ennuyeuse pour moi.
890 Le dessert a l'air succulent.
891 Elle lui rend la vie infernale.
892 A Noël, j'ai reçu beaucoup de cadeaux.
893 J'ai besoin de nouvelles lunettes de lecture.
894 Les chemins de randonnée sont bien entretenus.
895 Son père parle couramment allemand et anglais.
896 A midi, je mange normalement à la cantine.
897 La salade de pommes de terre est mon plat préféré.
898 J'ai rencontré un ami sur le chemin du retour.
899 Nulle part le ciel n'est aussi bleu et l'eau si chaude.
900 J'ai mangé une tranche de pain avec du fromage.

876 Rede doch keinen Unsinn!

877 Das steht schwarz auf weiß in der Verfassung.

878 Als Kind habe ich Briefmarken gesammelt.

879 Du solltest nicht soviel rauchen!

880 Laß ihn nur reden, er ist betrunken.

881 Es ist wirklich schade um seinen Ruf.

882 Manchmal frage ich mich, wie ich es geschafft habe.

883 Ich habe es eben in der Zeitung gelesen.

884 Er hat nie gelernt, bescheiden zu leben.

885 Die Katze ist das Lieblingstier der Kinder.

886 Ich liebe es, dem Sonnenuntergang zuzusehen.

887 Das Ozonloch ist größer geworden.

888 Sie sprachen mit leiser Stimme, um mich nicht zu wecken.

889 Das Leben auf dem Land wäre mir zu langweilig.

890 Der Nachtisch sieht lecker aus.

891 Sie macht ihm das Leben zur Hölle.

892 Zu Weihnachten habe ich viele Geschenke bekommen.

893 Ich brauche eine neue Lesebrille.

894 Die Wanderwege sind gepflegt.

895 Sein Vater spricht fließend Deutsch und Englisch.

896 Zu Mittag esse ich gewöhnlich in der Kantine.

897 Kartoffelsalat ist meine Lieblingsspeise.

898 Auf dem Heimweg habe ich einen Freund getroffen.

899 Nirgends ist der Himmel so blau und das Wasser so warm.

900 Ich habe eine Scheibe Brot mit Käse gegessen.

901 Sois prudent quand tu traverses la rue.

902 Est-ce qu'il t'est arrivé quelque chose ?

903 Au centre-ville, les loyers sont devenus inabordables.

904 Il s'est battu avec le courage du désespoir.

905 Il a disparu sans laisser de traces.

906 C'est mon problème, pas le tiens !

907 Son oncle a payé la réparation de sa poche.

908 C'est la tradition dans notre famille.

909 Il n'a atteint son but qu'à grand-peine.

910 Avant, il faut toujours lire le mode d'emploi.

911 Selon toute vraisemblance, il a oublié le rendez-vous.

912 Depuis un an, nous ne nous voyons plus guère.

913 Son mari regarde la télévision pour tuer le temps.

914 Je ne m'attendais pas du tout à cela.

915 Chez nous, on ne parlait jamais de politique.

916 Je voudrais souligner qu'il a agi sous la contrainte.

917 L'Elbe se jette dans la mer du Nord.

918 A la surprise générale, il a reconnu son erreur.

919 Je dois dire que j'ai eu du mal à prendre cette décision.

920 Après l'église, il faut que vous tourniez à gauche.

921 Il ne cherche que le pouvoir et l'argent.

922 Devine qui vient de téléphoner !

923 Les Jeux olympiques ont lieu tous les quatre ans.

924 La sécheresse est un fléau pour l'agriculture.

925 A ta place, j'aurais décliné son invitation.

901 Sei vorsichtig, wenn du über die Straße gehst.

902 Ist dir etwas geschehen?

903 In der City sind die Mieten unerschwinglich geworden.

904 Er hat mit dem Mut der Verzweiflung gekämpft.

905 Er ist verschwunden, ohne Spuren zu hinterlassen.

906 Laß das meine Sorge sein!

907 Sein Onkel hat die Reparatur aus eigener Tasche bezahlt.

908 Es gehört zur Tradition unserer Familie.

909 Er hat sein Ziel nur mit Müh und Not erreicht.

910 Vorher muß man immer die Gebrauchsanweisung lesen.

911 Allem Anschein nach hat er den Termin vergessen.

912 Seit einem Jahr sehen wir uns kaum noch.

913 Ihr Mann sieht fern, um die Zeit totzuschlagen.

914 Damit hatte ich überhaupt nicht gerechnet.

915 Bei uns wurde nie über Politik geredet.

916 Ich möchte betonen, daß er unter Zwang gehandelt hat.

917 Die Elbe mündet in die Nordsee.

918 Zur allgemeinen Überraschung hat er seinen Irrtum erkannt.

919 Ich muß sagen: Mir ist die Entscheidung schwer gefallen.

920 Nach der Kirche müssen Sie links abbiegen.

921 Er strebt nur nach Macht und Geld.

922 Rate mal, wer eben angerufen hat!

923 Die Olympischen Spiele finden alle vier Jahre statt.

924 Die Dürre ist eine Plage für die Landwirtschaft.

925 An deiner Stelle hätte ich seine Einladung abgelehnt.

926 Il ne s'est jamais résigné à son destin.
927 Je suis le procès avec un intérêt croissant.
928 Je ne connais vraiment pas de cas semblable.
929 Ne te fie pas à lui : il fait tout de travers.
930 Ne te fais pas de souci : après la pluie le beau temps !
931 Nous allons tous les ans à la fête de la bière à Munich.
932 Je n'ai pas eu le courage de lui dire la vérité.
933 Un désordre indescriptible régnait dans l'appartement.
934 Nous avons appris la nouvelle tout à fait par hasard.
935 Je te souhaite une bonne et heureuse année.
936 Les contrôles aux frontières ont été renforcés.
937 Le froid a déjà fait plusieurs victimes.
938 Les végétariens se nourrissent de fruits et de légumes.
939 J'allais tous les samedis à Cologne en auto-stop.
940 Écoute bien : tu ne vas pas en croire tes oreilles.
941 Il est encore trop petit pour aller en ville seul.
942 L'habit ne fait pas le moine, dit le proverbe.
943 Par temps clair, on voit la côte anglaise.
944 Il faut que je m'achète des fringues pour l'hiver.
945 Je voudrais un kilo de poires et une livre de bananes.
946 Il va être furieux : j'ai bousillé sa voiture.
947 Je connais un proche parent du chancelier fédéral.
948 L'après-midi, je suis toujours à la maison.
949 Ce serait gentil de ta part de m'aider à faire ce travail.
950 Bien sûr que tu as raison, mais je le comprends aussi.

926 Er hat sich nie mit seinem Schicksal abgefunden.

927 Ich verfolge den Prozeß mit wachsendem Interesse.

928 Ich kenne wirklich keinen vergleichbaren Fall.

929 Verlasse dich nicht auf ihn: Er macht alles verkehrt.

930 Mach dir keine Sorgen: Auf Regen folgt Sonnenschein!

931 Wir fahren jedes Jahr zum Oktoberfest nach München.

932 Ich habe nicht den Mut gehabt, ihr die Wahrheit zu sagen.

933 Eine unbeschreibliche Unordnung herrschte in der Wohnung.

934 Wir haben die Nachricht rein zufällig erfahren.

935 Ich wünsche dir ein frohes, neues Jahr.

936 Die Kontrollen an den Grenzen sind verschärft worden.

937 Die Kälte hat schon mehrere Opfer gefordert.

938 Vegetarier ernähren sich von Obst und Gemüse.

939 Ich fuhr jeden Samstag per Anhalter nach Köln.

940 Hör schön zu: Du wirst deinen Ohren nicht trauen.

941 Er ist noch zu klein, um allein in die Stadt zu fahren.

942 Kleider machen Leute, sagt das Sprichwort.

943 Bei klarem Wetter sieht man die englische Küste.

944 Ich muß mir Winterklamotten kaufen.

945 Ich möchte ein Kilo Birnen und ein Pfund Bananen.

946 Er wird wütend sein: Ich habe sein Auto kaputtgefahren.

947 Ich kenne einen nahen Verwandten des Bundeskanzlers.

948 Nachmittags bin ich immer zu Hause.

949 Es wäre nett von dir, mir bei dieser Arbeit zu helfen.

950 Natürlich hast du recht, aber ich verstehe ihn auch.

951 Comment le lui faire comprendre ?
952 Ce n'est pas le lieu pour des conversations privées.
953 Je me suis très vite adapté à ma nouvelle vie.
954 Sa situation a changé du jour au lendemain.
955 Tout est bien qui finit bien.
956 Je suppose qu'il renoncera bientôt à son projet.
957 Je vous prie de ne pas m'interrompre constamment.
958 L'industrie chimique pollue l'environnement.
959 C'est tout simple : il n'y a qu'à poser la question.
960 Je pars du principe qu'il accepte mes conditions.
961 Je travaille en moyenne 9 heures par jour.
962 Pourvu que le beau temps se maintienne !
963 Sa réponse est sans rapport avec ma question.
964 Je ne me fais pas de souci pour son avenir.
965 Il est superflu de le lui répéter plusieurs fois.
966 Je n'ai pas pris son avertissement au sérieux.
967 Ses paroles ont déclenché une vague de protestations.
968 Chacun sait que son père a des relations influentes.
969 Ses amis lui ont conseillé la prudence.
970 Il s'est effondré juste avant la ligne d'arrivée.
971 C'est trop dangereux de doubler dans un virage.
972 Notre génération ne croit ni au Diable, ni en Dieu.
973 Le confort moderne ne rend pas les gens plus heureux.
974 Il passe pour l'homme le plus fort du parti.
975 Ses échecs répétés ne l'ont pas découragé.

951 Wie soll ich es ihm begreiflich machen?
952 Hier ist nicht der Ort für Privatgespräche.
953 Ich habe mich meinem neuen Leben sehr schnell angepaßt.
954 Seine Lage hat sich von heute auf morgen geändert.
955 Ende gut, alles gut.
956 Ich vermute, er wird bald auf sein Vorhaben verzichten.
957 Ich bitte Sie, mich nicht ständig zu unterbrechen.
958 Die Chemieindustrie verschmutzt die Umwelt.
959 Es ist ganz einfach: Man braucht nur die Frage zu stellen.
960 Ich gehe davon aus, daß er meine Bedingungen annimmt.
961 Ich arbeite durchschnittlich 9 Stunden am Tag.
962 Hoffentlich hält das schöne Wetter an!
963 Seine Antwort ist ohne Zusammenhang mit meiner Frage.
964 Ich mache mir keine Sorgen um seine Zukunft.
965 Es ist überflüssig, es ihm mehrmals zu wiederholen.
966 Ich habe seine Warnung nicht ernst genommen.
967 Seine Worte haben eine Protestwelle ausgelöst.
968 Bekanntlich hat sein Vater einflußreiche Beziehungen.
969 Seine Freunde haben ihm zur Vorsicht geraten.
970 Er ist kurz vor dem Ziel zusammengebrochen.
971 Es ist zu gefährlich, in einer Kurve zu überholen.
972 Unsere Generation glaubt weder an Gott noch an den Teufel.
973 Der moderne Komfort macht die Menschen nicht glücklicher.
974 Er gilt als der stärkste Mann der Partei.
975 Seine wiederholten Mißerfolge haben ihn nicht entmutigt.

976 Je te suis très reconnaissant de tes conseils.
977 Dans ce domaine, les Allemands sont imbattables.
978 Il a échoué par manque d'expérience.
979 Crois-moi : la persévérance paie toujours.
980 Quel âge lui donnes-tu ?
981 Il n'a pas voulu donner ses raisons.
982 Selon les experts, la situation s'est aggravée.
983 Ma mère a pris deux kilos pendant les vacances.
984 Une grève aussi longue est impensable en Allemagne.
985 Je crois que c'est de loin la meilleure solution.
986 Nous n'en sommes pas encore là.
987 D'une part, il voudrait bien ; d'autre part, il n'ose pas.
988 Les expériences sur les animaux sont incontournables.
989 Il a renoncé de son plein gré à son projet.
990 Un agent de police l'a pris sur le fait.
991 Un jour, il tombera dans l'oubli.
992 Nous sommes tous intéressés aux bénéfices.
993 Ce n'est pas une raison de te moquer de lui !
994 Tous les chemins mènent à Rome comme on dit.
995 Son dernier discours m'a beaucoup impressionné.
996 J'ai vraiment le sentiment de parler en l'air.
997 Il affirme que c'est une histoire véridique.
998 Le maire est impliqué dans le scandale.
999 Tout droit, la prochaine rue à gauche, puis à droite.
1000 Je n'ai pas envie de ruiner ma santé.

976 Ich bin dir für deine Ratschläge sehr dankbar.

977 In diesem Bereich sind die Deutschen unschlagbar.

978 Er ist aus Mangel an Erfahrung gescheitert.

979 Glaube mir: Ausdauer zahlt sich immer aus.

980 Wie alt schätzt du ihn?

981 Er hat seine Gründe nicht angeben wollen.

982 Den Experten zufolge hat sich die Lage verschlimmert.

983 In den Ferien hat meine Mutter vier Pfund zugenommen.

984 Ein so langer Streik ist in Deutschland unvorstellbar.

985 Ich glaube, es ist bei weitem die beste Lösung.

986 Soweit sind wir noch nicht.

987 Einerseits möchte er gern; andererseits wagt er es nicht.

988 Experimente mit Tieren sind unumgänglich.

989 Er hat ganz freiwillig auf sein Vorhaben verzichtet.

990 Ein Polizist hat ihn auf frischer Tat ertappt.

991 Er wird eines Tages in Vergessenheit geraten.

992 Wir sind alle am Gewinn beteiligt.

993 Das ist kein Grund, dich über ihn lustig zu machen!

994 Alle Wege führen nach Rom, wie man sagt.

995 Seine letzte Rede hat mich sehr beeindruckt.

996 Ich habe wirklich das Gefühl, in den Wind zu reden.

997 Er behauptet, es sei eine wahre Geschichte.

998 Der Bürgermeister ist in den Skandal verwickelt.

999 Geradeaus, die nächste Straße links und dann rechts.

1000 Ich habe keine Lust, meine Gesundheit zu ruinieren.

1001 Cette invention représente un progrès considérable.

1002 Ne fais pas l'innocent, le voisin t'a vu.

1003 La visite guidée de la vieille ville m'a beaucoup plu.

1004 Je ne peux pas me décider à faire ce pas.

1005 Les hommes se rassemblent dans le bistrot du village.

1006 Je ne t'attendais plus si tard.

1007 Nous avons fait presque deux heures de queue.

1008 Il a sous-estimé la détermination de son adversaire.

1009 J'ai abandonné sous le poids des difficultés.

1010 Il a été licencié pour raisons économiques.

1011 Ne m'en veux pas, je l'ai dit sans réfléchir.

1012 Il a enfin réalisé son rêve de jeunesse.

1013 Il a une manière bizarre de s'exprimer.

1014 Comme toujours, elle lui a imposé sa volonté.

1015 Crois-moi : tu t'y habitueras à la longue.

1016 Si la pluie continue, nous partirons après-demain.

1017 Ce qui m'importe, c'est qu'il reconnaisse son erreur.

1018 Nous n'attendons plus que sa confirmation.

1019 Laisse-le donc faire ce qu'il veut.

1020 Sais-tu s'il a réussi à son examen ?

1021 J'en ai marre de tes reproches.

1022 Mes craintes n'étaient pas tout à fait injustifiées.

1023 Elle a absolument voulu payer elle-même l'addition.

1024 Les critères de sélection sont très sévères.

1025 Cesse de m'importuner avec tes questions stupides.

1001 Diese Erfindung bedeutet einen gewaltigen Fortschritt.

1002 Tu nicht so unschuldig, der Nachbar hat dich gesehen.

1003 Die Führung durch die Altstadt hat mir sehr gefallen.

1004 Ich kann mich zu diesem Schritt nicht entscheiden.

1005 Die Männer versammeln sich in der Dorfkneipe.

1006 Ich habe dich so spät nicht mehr erwartet.

1007 Wir haben fast zwei Stunden Schlange gestanden.

1008 Er hat die Entschlossenheit seines Gegners unterschätzt.

1009 Ich habe unter der Last der Schwierigkeiten aufgegeben.

1010 Er ist aus wirtschaftlichen Gründen entlassen worden.

1011 Sei mir nicht böse, ich habe es in Gedanken gesagt.

1012 Er hat seinen Jugendtraum endlich verwirklicht.

1013 Er hat eine komische Art und Weise, sich auszudrücken.

1014 Wie immer hat sie ihm ihren Willen aufgezwungen.

1015 Glaube mir: Du wirst dich auf die Dauer daran gewöhnen.

1016 Wenn es weiter regnet, werden wir übermorgen abreisen.

1017 Es geht mir darum, daß er seinen Irrtum einsieht.

1018 Wir warten nur noch auf seine Bestätigung.

1019 Laß ihn doch tun und lassen, was er will.

1020 Weißt du, ob er seine Prüfung bestanden hat?

1021 Ich habe deine Vorwürfe satt.

1022 Meine Befürchtungen waren nicht ganz unbegründet.

1023 Sie wollte die Rechnung unbedingt selber bezahlen.

1024 Die Auswahlkriterien sind sehr streng.

1025 Hör auf, mich mit deinen blöden Fragen zu belästigen.

1026 Si seulement cela ne dépendait que de moi !
1027 Les Allemands ont un faible pour les vins espagnols.
1028 Est-ce que tu as déjà fait ton choix ou pas encore ?
1029 Il baisse les yeux pour cacher son embarras.
1030 Cette décision compromet sa position dans le parti.
1031 Son succès n'est pas seulement le fruit de son travail.
1032 Je ne me suis séparé qu'à regret de ma vieille voiture.
1033 Il ne boit que de l'eau car il ne supporte pas l'alcool.
1034 Je ne peux pas vous renseigner, je ne suis pas d'ici.
1035 Nous nous sommes éloignés de notre but.
1036 Il m'a mis devant un fait accompli.
1037 Une solide formation professionnelle est demandée.
1038 Tu aurais pu t'épargner la peine de lui écrire.
1039 Le rôti de porc est excellent.
1040 Il a été sauvé par la présence d'esprit du conducteur.
1041 Le nombre des chômeurs a diminué de 0,3 pour cent.
1042 Sur le littoral, il n'y a plus grand-chose à protéger.
1043 Normalement, ce qui n'est pas interdit est autorisé.
1044 Tu t'es donné beaucoup de mal pour rien.
1045 Toutes les rues du quartier étaient noires de monde.
1046 Avec le temps les douleurs passeront.
1047 Un immeuble moderne détruit le paysage idyllique.
1048 Sois content d'avoir découvert la supercherie à temps.
1049 La majorité n'a qu'un faible espoir de gagner.
1050 Mais où étais-tu donc fourré pendant tout ce temps-là ?

1026 Wenn es bloß nur von mir abhinge!
1027 Die Deutschen haben eine Schwäche für spanische Weine.
1028 Hast du deine Wahl schon getroffen oder noch nicht?
1029 Er senkt die Augen, um seine Verlegenheit zu verbergen.
1030 Diese Entscheidung gefährdet seine Stellung in der Partei.
1031 Sein Erfolg ist nicht nur die Frucht seiner Arbeit.
1032 Ich habe mich nur ungern von meinem alten Auto getrennt.
1033 Er trinkt nur Wasser, denn er verträgt keinen Alkohol.
1034 Ich kann Ihnen keine Auskunft geben, ich bin fremd hier.
1035 Wir haben uns von unserem Ziel entfernt.
1036 Er hat mich vor vollendete Tatsachen gestellt.
1037 Eine solide berufliche Ausbildung wird gefordert.
1038 Du hättest dir die Mühe ersparen können, ihm zu schreiben.
1039 Der Schweinebraten schmeckt ausgezeichnet.
1040 Er wurde durch die Geistesgegenwart des Fahrers gerettet.
1041 Die Zahl der Arbeitslosen ist um 0,3 Prozent zurückgegangen.
1042 An der Küste gibt es nicht mehr viel zu schützen.
1043 Was nicht verboten ist, ist normalerweise erlaubt.
1044 Du hast dir umsonst viel Mühe gegeben.
1045 Alle Straßen des Viertels waren schwarz von Menschen.
1046 Mit der Zeit werden die Schmerzen vorbeigehen.
1047 Ein modernes Gebäude zerstört die idyllische Landschaft.
1048 Sei froh, daß du den Betrug rechtzeitig entdeckt hast.
1049 Die Mehrheit hat nur eine schwache Hoffnung zu gewinnen.
1050 Wo hast du bloß die ganze Zeit gesteckt?

1051 Il n'a pas encore surmonté sa peur des chiens.
1052 On cueille les cerises au mois de juin.
1053 Ta cravate ne va pas avec ta chemise.
1054 Ça peut arriver à tout le monde.
1055 Autrefois les paysans travaillaient avec des chevaux.
1056 J'ai soudain perdu l'équilibre.
1057 Est-ce que tu t'es brossé les dents ?
1058 J'ai couru aussi vite que j'ai pu.
1059 C'est la chose la plus simple du monde.
1060 Sa sœur a un meilleur caractère qu'elle.
1061 L'éducation des enfants n'est plus le rôle de la femme.
1062 As-tu déjà des projets pour les vacances d'été ?
1063 Beaucoup d'élèves ne maîtrisent pas leur propre langue.
1064 J'ai assez d'essence jusqu'à la prochaine station-service.
1065 Ma tante m'a offert un sac de voyage.
1066 C'est en forgeant qu'on devient forgeron.
1067 Si tu fais ça, tu vas voir ce que tu vas voir.
1068 Nous ne mangeons que des produits frais.
1069 Nous sommes allés dans la mauvaise direction.
1070 Le chat a attrapé une souris.
1071 Je n'ai pas réussi à l'en convaincre.
1072 Je sais exactement ce que tu vas dire.
1073 Puis-je m'asseoir à votre table s'il vous plaît ?
1074 Sa sœur s'entraîne deux heures par jour.
1075 Il a raconté une blague pour briser la glace.

1051 Er hat seine Angst vor Hunden noch nicht überwunden.

1052 Kirschen werden im Juni gepflückt.

1053 Deine Krawatte paßt nicht zu deinem Hemd.

1054 Das kann jedem passieren.

1055 Früher arbeiteten die Bauern mit Pferden.

1056 Ich habe plötzlich das Gleichgewicht verloren.

1057 Hast du dir die Zähne geputzt?

1058 Ich lief so schnell ich konnte.

1059 Das ist die einfachste Sache der Welt.

1060 Ihre Schwester hat einen besseren Charakter als sie.

1061 Kindererziehung ist nicht mehr die Rolle der Frau.

1062 Hast du schon Pläne für die Sommerferien?

1063 Viele Schüler beherrschen ihre eigene Sprache nicht.

1064 Ich habe genug Benzin bis zur nächsten Tankstelle.

1065 Meine Tante hat mir eine Reisetasche geschenkt.

1066 Übung macht den Meister.

1067 Wenn du das tust, kannst du was erleben.

1068 Wir essen nur frische Produkte.

1069 Wir sind in die falsche Richtung gegangen.

1070 Die Katze hat eine Maus gefangen.

1071 Es ist mir nicht gelungen, ihn davon zu überzeugen.

1072 Ich weiß genau, was du sagen wirst.

1073 Darf ich mich bitte an Ihren Tisch setzen?

1074 Seine Schwester trainiert zwei Stunden am Tag.

1075 Er hat einen Witz erzählt, um das Eis zu brechen.

1076 Depuis la mort de son mari elle mène une vie solitaire.
1077 C'est comme ça, tu ne peux rien y changer.
1078 Une piste cyclable longe la rivière.
1079 Qu'est-ce que tu fais cet après-midi ?
1080 Je ne connais personne qui soit aussi serviable que lui.
1081 Va chercher une bouteille de vin à la cave.
1082 En hiver, je vais tous les dimanches à la montagne.
1083 En tout cas je prends un parapluie, on ne sait jamais.
1084 Est-ce que par hasard tu connais quelqu'un à Munich ?
1085 Tu devrais te ménager, tu n'es plus tout jeune.
1086 A partir de minuit, l'ambiance était sensationnelle.
1087 Dans beaucoup de villes, le tramway revient à la mode.
1088 N'oublie pas d'acheter une tablette de chocolat.
1089 C'est tout autre chose.
1090 Il a triché, c'est un fait regrettable.
1091 Puis-je me permettre de vous déranger brièvement ?
1092 Le courage des champions du monde a fait école.
1093 On ne peut pas doubler : la route est trop étroite.
1094 Je t'achète ton vieil ordinateur.
1095 La panne de courant n'était pas prévue au programme.
1096 Il faut que je mange quelque chose, je meurs de faim.
1097 Au secours, on m'a volé mon portefeuille !
1098 Les filles sont plus calmes que les garçons.
1099 Qui t' a permis d'utiliser mon vélo ?
1100 Je le regrette encore aujourd'hui.

1076 Seit dem Tod ihres Mannes führt sie ein einsames Leben.

1077 Es ist einfach so, du kannst nichts daran ändern.

1078 Ein Radweg führt am Fluß entlang.

1079 Was machst du heute nachmittag?

1080 Ich kenne niemanden, der so hilfsbereit ist wie er.

1081 Hole eine Flasche Wein aus dem Keller.

1082 Im Winter fahre ich jeden Sonntag ins Gebirge.

1083 Ich nehme jedenfalls einen Schirm mit, man weiß nie.

1084 Kennst du zufällig jemanden in München?

1085 Du solltest dich schonen, du bist nicht mehr der jüngste.

1086 Ab Mitternacht war die Stimmung ganz toll.

1087 In vielen Städten wird die Straßenbahn wieder Mode.

1088 Vergiß nicht, eine Tafel Schokolade zu kaufen.

1089 Das ist eine ganz andere Sache.

1090 Er hat geschummelt, das ist eine bedauernswerte Tatsache.

1091 Darf ich mir erlauben, Sie kurz zu stören?

1092 Der Mut der Weltmeister hat Schule gemacht.

1093 Man kann nicht überholen: Die Straße ist zu schmal.

1094 Ich kaufe dir deinen alten Computer ab.

1095 Die Strompanne stand nicht auf dem Programm.

1096 Ich muß etwas essen, ich sterbe vor Hunger.

1097 Hilfe, man hat mir meine Brieftasche gestohlen!

1098 Mädchen sind ruhiger als Jungs.

1099 Wer hat dir erlaubt, mein Rad zu benutzen?

1100 Ich bedaure es heute noch.

1101 Hier soir, Paul a appelé plusieurs fois.

1102 Ça t'étonne, hein ?

1103 Viens vite, ta mère est au téléphone.

1104 Je ne trouve pas normal qu'il soit si insolent.

1105 Ils ont jeté des pierres sur les policiers.

1106 Tu n'as vraiment rien de plus important à faire ?

1107 Cela m'a fait un immense plaisir de te revoir.

1108 Il était rouge de colère d'avoir perdu un client.

1109 Un voisin a appelé les pompiers.

1110 Juste, il faut qu'il justifie son comportement !

1111 Je crois que je l'ai aperçu parmi les manifestants.

1112 Il s'était habillé avec élégance pour la réception.

1113 Dès le printemps, il ne porte que des chemises polo.

1114 Je t'ai vu, je ne suis quand même pas aveugle.

1115 Si tu as envie, on peut faire du vélo cet après-midi.

1116 Pas de petit déjeuner allemand sans petits pains frais.

1117 Je trouve cette pluie persistante déprimante.

1118 Ça ne sert à rien de t'énerver pour ça.

1119 Je suis soulagé : il a fini par céder.

1120 Il a plu à verse toute la journée.

1121 Le chat parti, les souris dansent.

1122 Il est né sous une bonne étoile.

1123 Je tombe des nues ; c'est vraiment incroyable !

1124 Leur fille est vendeuse dans un magasin de mode.

1125 Les murs sont si minces que l'on entend les voisins.

1101 Paul hat gestern abend mehrere Male angerufen.

1102 Da staunst du, was?

1103 Komm schnell, deine Mutter ist am Telefon.

1104 Ich finde es nicht in Ordnung, daß er so frech ist.

1105 Sie haben mit Steinen nach den Polizisten geworfen.

1106 Hast du wirklich nichts Wichtigeres zu tun?

1107 Es hat mich riesig gefreut, dich wiederzusehen.

1108 Er war rot vor Wut, einen Kunden verloren zu haben.

1109 Ein Nachbar hat die Feuerwehr gerufen.

1110 Richtig, er muß sein Verhalten rechtfertigen!

1111 Ich glaube, ich habe ihn unter den Demonstranten erblickt.

1112 Er hatte sich für den Empfang elegant angezogen.

1113 Schon im Frühling trägt er nur Polohemden.

1114 Ich habe dich gesehen, ich bin ja nicht blind.

1115 Wenn du Lust hast, können wir heute nachmittag radfahren.

1116 Frische Brötchen gehören zum deutschen Frühstück.

1117 Ich finde diesen Dauerregen deprimierend.

1118 Es nützt nichts, dich darüber zu ärgern.

1119 Ich bin erleichtert: Er hat schließlich nachgegeben.

1120 Es hat den ganzen Tag gegossen.

1121 Wenn die Katze aus dem Haus ist, tanzen die Mäuse.

1122 Er ist unter einem guten Stern geboren.

1123 Ich falle aus allen Wolken; das ist ja unglaublich!

1124 Ihre Tochter ist Verkäuferin in einem Modegeschäft.

1125 Die Wände sind so dünn, daß man die Nachbarn hört.

1126 Je n'ai encore jamais lu un livre aussi passionnant.
1127 Après sa journée de travail, il n'aspire plus qu'au repos.
1128 Beaucoup d'Allemands passent leurs vacances en France.
1129 Les végétariens ne mangent ni viande ni poisson.
1130 Ne fais pas de cinéma, tu n'as pas de fièvre.
1131 Il faut que je mette mes papiers en ordre.
1132 Je n'avais pas assez d'argent pour prendre un taxi.
1133 Voulez-vous que je porte votre valise ?
1134 Ça pue le pétrole sur tout le littoral.
1135 Il a laissé la moitié du repas.
1136 Il n'a pas hésité à plonger dans l'eau glacée.
1137 Je suis bien payé pour le savoir.
1138 Personne n'a trouvé la bonne réponse.
1139 Je passerai te voir demain après-midi.
1140 J'étais justement en train de t'écrire une lettre.
1141 Amuse-toi bien, mais ne rentre pas trop tard.
1142 La salle d'attente du médecin était pleine à craquer.
1143 Cette année, nous partirons en voyage à l'automne.
1144 C'est typique de lui : il arrive toujours en retard.
1145 Il ne sait même pas comment s'appelle son voisin.
1146 Je déteste cet individu comme la peste.
1147 Ton manteau est accroché au vestiaire.
1148 Regarde voir si le facteur est déjà passé.
1149 La nuit, tous les chats sont gris.
1150 D'accord, à l'avenir j'y ferai attention.

1126 Ich habe noch nie ein so spannendes Buch gelesen.

1127 Nach seinem Arbeitstag sehnt er sich nur noch nach Ruhe.

1128 Viele Deutsche verbringen ihre Ferien in Frankreich.

1129 Vegetarier essen weder Fleisch noch Fisch.

1130 Mach kein Theater, du hast kein Fieber.

1131 Ich muß meine Papiere in Ordnung bringen.

1132 Ich hatte nicht genug Geld, um ein Taxi zu nehmen.

1133 Soll ich Ihren Koffer tragen?

1134 Es stinkt an der ganzen Küste nach Erdöl.

1135 Er hat die Hälfte des Essens stehen lassen.

1136 Er hat nicht gezögert, ins eiskalte Wasser zu springen.

1137 Davon kann ich ein Lied singen.

1138 Niemand hat die richtige Antwort gefunden.

1139 Ich werde morgen nachmittag bei dir vorbeikommen.

1140 Ich war gerade dabei, dir einen Brief zu schreiben.

1141 Viel Spaß, komm aber bitte nicht zu spät nach Hause.

1142 Das Wartezimmer des Arztes war brechend voll.

1143 Dieses Jahr werden wir im Herbst verreisen.

1144 Das ist typisch für ihn: Er kommt immer zu spät.

1145 Er weiß nicht einmal, wie sein Nachbar heißt.

1146 Ich hasse diesen Kerl wie die Pest.

1147 Dein Mantel hängt in der Garderobe.

1148 Guck mal, ob der Briefträger schon gekommen ist.

1149 Nachts sind alle Katzen grau.

1150 In Ordnung, ich werde künftig darauf achten.

1151 Et alors, qu'est-ce que ça peut bien faire ?
1152 La nuit tombe, allume la lumière !
1153 La place du marché est nettoyée tous les jours.
1154 Chaque saison a ses charmes.
1155 Est-ce que tu vas bientôt arrêter de rouspéter ?
1156 Le voleur a menacé le caissier avec un couteau.
1157 Au fond, ça m'est complètement égal.
1158 Le frigo est vide, il faut que j'aille faire des courses.
1159 Ils sont entrés dans l'appartement par la fenêtre.
1160 Elle s'est de nouveau disputée avec son copain.
1161 J'ai dû attendre des heures durant dehors dans le froid.
1162 Elle a téléphoné au moins une heure avec sa mère.
1163 Est-ce que tu as remarqué comme il était embarrassé ?
1164 La fête a été annulée en raison de la pluie.
1165 A Bonn, vous avez une correspondance pour Berlin.
1166 Nous allons planter des arbres, des sapins et des chênes.
1167 Par ce froid j'ai envie de manger une choucroute.
1168 Les vacances à la ferme sont à la mode.
1169 Mange une pomme pour apaiser ta faim.
1170 Ne touche pas aux photos , tu as les mains sales.
1171 Je me suis joint à un groupe de touristes.
1172 Berlin est la capitale de l'Allemagne réunifiée.
1173 Vous devez descendre au prochain arrêt.
1174 Mes grands-parents se sont retirés à la campagne.
1175 Quand il fait beau, nous déjeunons dans le jardin.

1151 Na und, was ist schon dabei?

1152 Es wird dunkel, mach das Licht an!

1153 Der Marktplatz wird jeden Tag saubergemacht.

1154 Jede Jahreszeit hat ihre Reize.

1155 Ob du bald aufhörst zu schimpfen?

1156 Der Dieb hat dem Kassierer mit einem Messer gedroht.

1157 Es ist mir eigentlich völlig egal.

1158 Der Kühlschrank ist leer, ich muß einkaufen gehen.

1159 Sie sind durch das Fenster in die Wohnung eingestiegen.

1160 Sie hat sich schon wieder mit ihrem Freund gestritten.

1161 Ich habe stundenlang draußen in der Kälte warten müssen.

1162 Sie hat wenigstens eine Stunde mit ihrer Mutter telefoniert.

1163 Hast du gemerkt, wie verlegen er war?

1164 Das Fest wurde wegen des Regens abgesagt.

1165 In Bonn haben Sie Anschluß nach Berlin.

1166 Wir werden Bäume pflanzen, Tannen und Eichen.

1167 Bei dieser Kälte habe ich Appetit auf Sauerkraut.

1168 Ferien auf dem Bauernhof sind Mode.

1169 Iß einen Apfel, um deinen Hunger zu stillen.

1170 Faß die Fotos nicht an, du hast schmutzige Hände.

1171 Ich habe mich einer Gruppe von Touristen angeschlossen.

1172 Berlin ist die Hauptstadt des vereinigten Deutschlands.

1173 Sie müssen an der nächsten Haltestelle aussteigen.

1174 Meine Großeltern haben sich aufs Land zurückgezogen.

1175 Wenn schönes Wetter ist, essen wir im Garten zu Mittag.

1176 J'ai le bonjour à te donner de Monsieur Kröger.

1177 Il ne se sent pas très bien dans sa peau.

1178 J'ai des maux d'estomac d'avoir trop mangé.

1179 Avec ce bruit, je ne peux pas me concentrer.

1180 Dans ce parc, il est interdit de marcher sur les pelouses.

1181 Il doit lui manquer une case !

1182 J'ai écrit des lettres toute la matinée.

1183 Non merci, je bois le café sans sucre.

1184 As-tu écouté le bulletin météo ?

1185 Une épaisse couche de neige recouvrait le chemin.

1186 Le centre-ville est interdit à la circulation.

1187 Au fait, comment s'appelle-t-il de son prénom ?

1188 Notre maison est juste au bord de la forêt.

1189 Je ne peux pas venir avec toi, j'ai des courses à faire.

1190 Est-ce que vous avez visité la cathédrale de Cologne ?

1191 Nous voudrions une chambre double avec vue sur mer.

1192 Au petit déjeuner, je mange une tartine beurrée.

1193 Tous les dimanches, il lui offre un bouquet de fleurs.

1194 La plupart des Berlinois n'ont pas oublié le mur.

1195 On pourrait faire un tour de vélo, qu'en dis-tu ?

1196 Je n'ai qu'un vague souvenir de mon grand-père.

1197 C'était une bêtise de ma part de lui faire confiance.

1198 J'ai attendu trois quarts d'heure à l'arrêt du bus.

1199 Rouge, jaune, noir sont les couleurs de l'Allemagne.

1200 Il travaille en Suisse, vit en Italie, mais il est Français.

1176 Ich soll dir Grüße von Herrn Kröger bestellen.

1177 Er fühlt sich in seiner Haut nicht sehr wohl.

1178 Ich habe Magenschmerzen, weil ich zuviel gegessen habe.

1179 Bei diesem Lärm kann ich mich nicht konzentrieren.

1180 In diesem Park ist es verboten, den Rasen zu betreten.

1181 Er hat wohl nicht alle Tassen im Schrank!

1182 Ich habe den ganzen Vormittag Briefe geschrieben.

1183 Nein danke, Kaffee trinke ich ohne Zucker.

1184 Hast du den Wetterbericht gehört?

1185 Eine dicke Schneeschicht bedeckte den Weg.

1186 Die Innenstadt ist für den Verkehr gesperrt.

1187 Wie heißt er eigentlich mit Vornamen?

1188 Unser Haus liegt direkt am Wald.

1189 Ich kann nicht mitkommen, ich muß Einkäufe machen.

1190 Habt ihr den Kölner Dom besichtigt?

1191 Wir möchten ein Doppelzimmer mit Blick aufs Meer.

1192 Zum Frühstück esse ich ein Butterbrot.

1193 Jeden Sonntag schenkt er ihr einen Blumenstrauß.

1194 Die meisten Berliner haben die Mauer nicht vergessen.

1195 Wir könnten eine Radtour machen, was sagst du dazu?

1196 Ich habe nur eine schwache Erinnerung an meinen Großvater.

1197 Es war eine Dummheit von mir, ihm zu vertrauen.

1198 Ich habe eine Dreiviertelstunde an der Bushaltestelle gewartet.

1199 Rot, gelb, schwarz sind die Farben Deutschlands.

1200 Er arbeitet in der Schweiz, lebt in Italien, aber er ist Franzose.

1201 Elle reçoit souvent des visites d'Allemagne.
1202 Tout être humain a le besoin d'être aimé.
1203 Personne n'a pris ses menaces au sérieux.
1204 L'entrée est libre le dimanche et les jours fériés.
1205 Nous avons reçu un accueil très sympathique.
1206 Il souffre que son talent n'ait pas été reconnu.
1207 L'appartement est petit, mais il est très agréable.
1208 Pour comble de malheur, il a perdu son passeport.
1209 Pourquoi ne te défends-tu donc pas ?
1210 En comparaison de ton frère, tu as de la chance.
1211 Ne te laisse surtout pas induire en erreur.
1212 Mon oncle est en visite chez nous pour quinze jours.
1213 Pourquoi faut-il que tu sois si ignoble ?
1214 Laisse-le donc profiter de sa jeunesse.
1215 Les gens riches sont souvent terriblement avares.
1216 Celui qui n'a pas de travail ne peut pas se sentir libre.
1217 En général, les Français ne connaissent que la Bavière.
1218 Il prétend même avoir reçu des lettres de menaces.
1219 Cette photo a été prise il y a deux ou trois ans.
1220 La grève des cheminots paralyse le pays tout entier.
1221 À cette occasion, il a montré son vrai visage.
1222 Je préfère ne pas entrer dans les détails.
1223 Cet enfant a une mémoire étonnante.
1224 Quoi qu'il dise, personne ne veut le croire.
1225 Je crois avoir entendu un bruit suspect.

1201 Sie bekommt oft Besuch aus Deutschland.

1202 Alle Menschen haben ein Bedürfnis nach Liebe.

1203 Niemand hat seine Drohungen ernst genommen.

1204 Der Eintritt ist an Sonn- und Feiertagen frei.

1205 Wir sind sehr freundlich aufgenommen worden.

1206 Er leidet darunter, daß sein Talent nicht anerkannt wurde.

1207 Die Wohnung ist klein, aber sehr gemütlich.

1208 Zu allem Unglück hat er seinen Reisepaß verloren.

1209 Warum wehrst du dich denn nicht?

1210 Im Vergleich zu deinem Bruder hast du es gut.

1211 Laß dich bloß nicht irreführen.

1212 Mein Onkel ist bei uns für vierzehn Tage zu Besuch.

1213 Warum mußt du denn so gemein sein?

1214 Laß ihn doch seine Jugend genießen.

1215 Reiche Leute sind oft furchtbar geizig.

1216 Wer keine Arbeit hat, kann sich nicht frei fühlen.

1217 Im allgemeinen kennen die Franzosen nur Bayern.

1218 Er will sogar Drohbriefe erhalten haben.

1219 Dieses Foto wurde vor zwei oder drei Jahren aufgenommen.

1220 Der Streik der Eisenbahner lähmt das ganze Land.

1221 Bei dieser Gelegenheit hat er sein wahres Gesicht gezeigt.

1222 Ich will lieber nicht ins einzelne gehen.

1223 Dieses Kind hat ein erstaunliches Gedächtnis.

1224 Was er auch sagt, niemand will ihm glauben.

1225 Ich glaube, ich habe ein verdächtiges Geräusch gehört.

1226 Tu n'as pas besoin d'avoir mauvaise conscience.

1227 Ne crâne pas comme ça, t'es pas non plus si courageux.

1228 Les investigations de la police n'ont rien donné.

1229 Je reconnais que sa performance est remarquable.

1230 N'essaie pas d'éluder la question.

1231 Ne t'expose jamais à la critique de ton adversaire.

1232 Je me rallie à l'opinion de la majorité.

1233 Je n'ai pas exercé de pression sur lui.

1234 Il essaie d'atteindre son objectif par la force.

1235 Ne t'en fais pas, il ne va pas en mourir !

1236 Le temps presse, tu ne peux plus tergiverser.

1237 L'industrie crée des besoins pour les satisfaire.

1238 Je ne connais pas non plus de cas semblable.

1239 Pourrais-tu éventuellement vérifier la facture ?

1240 Est-ce que tu as quelque chose à objecter à cela ?

1241 Tu peux respirer : tout s'est déroulé comme prévu.

1242 Je te conjure de n'en parler à personne.

1243 J'ai absolument besoin de ton soutien.

1244 Tu ne peux pas demander un tel prix !

1245 Où qu'il se cache, je le trouverai.

1246 Es-tu conscient de la portée de tes paroles ?

1247 Je serai de retour dans une quinzaine de jours.

1248 A ce prix, tu ne trouveras jamais un acheteur.

1249 Te voilà enfin ! Ça fait une heure que je t'attends.

1250 Il ne manquait plus que ça !

1226 Du brauchst kein schlechtes Gewissen zu haben.

1227 Gib nicht so an, so mutig bist du auch nicht.

1228 Die polizeiliche Untersuchung hat nichts ergeben.

1229 Ich anerkenne, daß seine Leistung hervorragend ist.

1230 Versuch nicht, der Frage auszuweichen.

1231 Setz dich der Kritik deines Gegners niemals aus.

1232 Ich schließe mich der Meinung der Mehrheit an.

1233 Ich habe keinen Druck auf ihn ausgeübt.

1234 Er versucht, sein Ziel mit Gewalt zu erreichen.

1235 Mach dir keine Sorgen, das wird er schon überleben!

1236 Die Zeit drängt, du kannst nicht mehr hin und her zögern.

1237 Die Industrie schafft Bedürfnisse, um sie zu befriedigen.

1238 Ein ähnlicher Fall ist mir auch nicht bekannt.

1239 Könntest du eventuell die Rechnung überprüfen?

1240 Hast du dagegen etwas einzuwenden?

1241 Du kannst aufatmen: Alles ist planmäßig verlaufen.

1242 Ich beschwöre dich, niemandem davon zu erzählen.

1243 Ich brauche unbedingt deine Unterstützung.

1244 Du kannst einen solchen Preis nicht fordern!

1245 Wo er sich auch versteckt, ich werde ihn finden.

1246 Bist du dir der Tragweite deiner Worte bewußt?

1247 Ich werde in etwa vierzehn Tagen zurück sein.

1248 Zu diesem Preis findest du nie einen Käufer.

1249 Da bist du endlich! Ich warte seit einer Stunde auf dich.

1250 Das hat gerade noch gefehlt!

1251 Tu ne peux pas lui faire ça ! Il ne l'a pas mérité.

1252 Il a fait une critique purement objective du projet.

1253 Depuis des années, il souffre d'insomnie.

1254 Il y a quelque chose qui ne va pas.

1255 C'est incroyable !

1256 Je l'ai déjà rencontré quelquefois chez des amis.

1257 Est-ce que tu peux intervenir en sa faveur ?

1258 Arrête de me corriger sans cesse !

1259 Tu as dû faire un faux mouvement.

1260 Le dimanche, je peux faire la grasse matinée.

1261 Il me l'a fait clairement comprendre.

1262 Mieux vaut prévenir que guérir.

1263 Je ne peux pas me contenter de cette explication.

1264 A mon avis, ils sont tombés dans un embouteillage.

1265 Il faudrait interdire la publicité pour l'alcool.

1266 Trop d'enfants sont en situation d'échec scolaire.

1267 Le patron ne tolère aucune contradiction.

1268 Je m'en suis douté tout de suite.

1269 Personne ne t'empêche de dire la vérité.

1270 Plusieurs blessés luttent toujours contre la mort.

1271 Il ne pourra jamais digérer cette défaite.

1272 Le malheureux n'a plus qu'un miracle à espérer.

1273 Quoi qu'il en soit, je ne changerai pas d'avis.

1274 Je crains qu'il ne t'ait menti.

1275 Tu as eu un comportement impossible.

1251 Das kannst du ihm nicht antun! Er hat es nicht verdient.

1252 Er hat an dem Projekt eine rein sachliche Kritik geübt.

1253 Seit Jahren leidet er an Schlaflosigkeit.

1254 Da stimmt etwas nicht.

1255 Das ist nicht zu fassen!

1256 Ich bin ihm schon ein paar Mal bei Freunden begegnet.

1257 Kannst du dich für ihn einsetzen?

1258 Hör auf, mich ständig zu verbessern.

1259 Du mußt eine falsche Bewegung gemacht haben.

1260 Am Sonntag kann ich ausschlafen.

1261 Er hat es mir deutlich zu verstehen gegeben.

1262 Vorbeugen ist besser als heilen.

1263 Ich kann mich mit dieser Erklärung nicht zufriedengeben.

1264 Meiner Ansicht nach sind sie in einen Stau geraten.

1265 Die Werbung für Alkohol müßte verboten werden.

1266 Zuviele Kinder versagen in der Schule.

1267 Der Chef duldet gar keinen Widerspruch.

1268 Das habe ich mir sofort gedacht.

1269 Niemand hindert dich daran, die Wahrheit zu sagen.

1270 Mehrere Verletzte kämpfen immer noch mit dem Tod.

1271 Er wird diese Niederlage nie verkraften können.

1272 Der Arme kann nur noch auf ein Wunder hoffen.

1273 Wie dem auch sei, ich werde meine Meinung nicht ändern.

1274 Ich fürchte, er hat dich angelogen.

1275 Du hast dich unmöglich benommen.

1276 Ne sois pas fâché, j'ai dit ça en passant.
1277 Je n'ai malheureusement pas l'argent nécessaire.
1278 Il est toujours resté fidèle à ses principes.
1279 Je n'aime pas trop sa politesse exagérée.
1280 Je n'en ai qu'une vague idée.
1281 Il a consacré toute sa vie à la science.
1282 J'en ai déjà l'eau à la bouche.
1283 Je retire tout ce que j'ai dit.
1284 Ce médicament agit contre les maux de tête.
1285 Ses parents ont fait des sacrifices pour rien.
1286 Impossible, j'ai rendez-vous avec un ami.
1287 Ce n'est pas du tout ce que j'ai voulu dire.
1288 Je n'aurais jamais osé en rêver.
1289 Le film a été tourné dans le port de Hambourg.
1290 Ça fait une éternité que je ne l'ai plus vu.
1291 Je me laisse facilement distraire de mon travail.
1292 Il incarne les valeurs morales d'autrefois.
1293 Je trouve qu'il a changé à son avantage.
1294 Il ne me reste rien d'autre à faire que d'attendre.
1295 J'ai raison, mais je ne peux pas te le prouver.
1296 Elle a tout juste de quoi vivre avec sa retraite.
1297 Je parie qu'il a oublié de mettre son réveil.
1298 Ils ont enterré leur espoir de justice sociale.
1299 Il faut te contenter de ce que tu as.
1300 Il s'est montré exceptionnellement généreux.

1276 Sei nicht böse, ich habe es nebenbei gesagt.

1277 Ich habe leider nicht das nötige Geld.

1278 Er ist stets seinen Grundsätzen treu geblieben.

1279 Ich mag seine übertriebene Höflichkeit nicht sehr.

1280 Davon habe ich nur eine unbestimmte Vorstellung.

1281 Er hat sein ganzes Leben der Wissenschaft gewidmet.

1282 Das Wasser läuft mir schon im Munde zusammen.

1283 Ich nehme alles zurück, was ich gesagt habe.

1284 Dieses Medikament wirkt gegen Kopfschmerzen.

1285 Seine Eltern haben umsonst Opfer gebracht.

1286 Unmöglich, ich bin mit einem Freund verabredet.

1287 Das habe ich überhaupt nicht gemeint.

1288 Das hätte ich mir nie träumen lassen.

1289 Der Film wurde im Hamburger Hafen gedreht.

1290 Ich habe ihn seit einer Ewigkeit nicht mehr gesehen.

1291 Ich lasse mich leicht von meiner Arbeit ablenken.

1292 Er verkörpert die früheren moralischen Werte.

1293 Ich finde, er hat sich zu seinem Vorteil geändert.

1294 Es bleibt mir nichts anderes übrig, als zu warten.

1295 Ich habe recht, aber ich kann es dir nicht beweisen.

1296 Sie kommt mit ihrer Rente nur knapp aus.

1297 Ich wette, er hat vergessen, seinen Wecker zu stellen.

1298 Sie haben ihre Hoffnung auf soziale Gerechtigkeit begraben.

1299 Du mußt dich mit dem begnügen, was du hast.

1300 Er hat sich ausnahmsweise großzügig gezeigt.

1301 La jeunesse s'enthousiasme vite pour un idéal.

1302 Elle lui reproche de jeter l'argent par les fenêtres.

1303 Serais-tu prêt à mourir pour la liberté ?

1304 Je ne voudrais pas être tributaire de lui.

1305 Il faut que tu tiennes compte du fait qu'il est malade.

1306 Elle aime se faire servir par son mari.

1307 La grève des routiers se répercute sur l'économie.

1308 Il faut absolument que je rattrape mon retard.

1309 Tu as mal interprété mes paroles.

1310 La lutte contre la délinquance est prioritaire.

1311 Son mari est originaire d'une famille aisée.

1312 Toutes les mises en garde sont restées sans effet.

1313 C'est ce que j'appelle une surprise !

1314 Je ne peux plus bouger le bras.

1315 Certains biens de consommation sont produits en Asie.

1316 Les médias avaient misé sur la victoire de l'opposition.

1317 L'année dernière, les prix ont baissé de deux pour cent.

1318 Je me fais du souci pour sa santé.

1319 Leur demande d'aide sociale a été rejetée.

1320 Il sait que ses chances de succès sont minimes.

1321 On ne trouve plus de pièces de rechange.

1322 Il faut souligner le courage des sauveteurs.

1323 C'est un homme honnête, tu peux le croire sur parole.

1324 Il faut à tout prix que j'y arrive.

1325 Je regrette mais tes exigences sont inacceptables.

1301 Die Jugend begeistert sich schnell für ein Ideal.

1302 Sie wirft ihm vor, das Geld zum Fenster hinauszuwerfen.

1303 Wärest du bereit, für die Freiheit zu sterben?

1304 Ich möchte nicht auf ihn angewiesen sein.

1305 Du mußt bedenken, daß er krank ist.

1306 Sie läßt sich gern von ihrem Mann bedienen.

1307 Der Streik der Fernfahrer wirkt sich auf die Wirtschaft aus.

1308 Ich muß meine Verspätung unbedingt aufholen.

1309 Du hast meine Worte falsch aufgefaßt.

1310 Der Kampf gegen die Kriminalität hat Vorrang.

1311 Ihr Mann stammt aus einer wohlhabenden Familie.

1312 Alle Warnungen sind ohne Wirkung geblieben.

1313 Das nenne ich aber eine Überraschung!

1314 Ich kann den Arm nicht mehr bewegen.

1315 Gewisse Konsumgüter werden in Asien hergestellt.

1316 Die Medien hatten auf den Sieg der Opposition gesetzt.

1317 Voriges Jahr sind die Preise um zwei Prozent gesunken.

1318 Ich mache mir Gedanken wegen seiner Gesundheit.

1319 Ihr Antrag auf Sozialhilfe ist zurückgewiesen worden.

1320 Er weiß, daß seine Chancen auf Erfolg gering sind.

1321 Man findet keine Ersatzteile mehr.

1322 Der Mut der Retter muß unterstrichen werden.

1323 Er ist ein ehrlicher Mensch, du kannst ihm aufs Wort glauben.

1324 Ich muß es um jeden Preis schaffen.

1325 Es tut mir leid, aber deine Forderungen sind unannehmbar.

Lexique des mots allemands

Ne figurent dans ce lexique que les noms avec indication du genre et du pluriel, les verbes à préverbe, les verbes forts ou irréguliers avec indication du prétérit et du participe passé*. La mention *ist* indique que l'auxiliaire du passé est **sein**. Vous y trouverez également tous les verbes, noms et adjectifs qui ont une construction prépositionnelle.

Vous trouverez en page 5 une liste des abréviations utilisées.

* Quand l'indication de changement vocalique ne suffit pas, le prétérit et le participe passé figurent en toutes lettres mais pas le préverbe séparable : **an/ziehen** (zog, gezogen) et non pas (zog ... an, angezogen).

ab/biegen (o, o, *ist*) tourner
Abend (der, e) le soir
Abenteuer (das, -) l'aventure
ab/finden (sich ~) (a, u) (mit + D) s'accommoder de, se résigner à
ab/halten (ie, a, ä) (von + D) empêcher de
ab/hängen (i, a) (von + D) dépendre de
ab/holen aller/venir chercher
ab/lenken (von + D) distraire de
ab/raten (ie, a, ä) (von + D) déconseiller de
ab/reisen (*ist*) partir (après un séjour)
ab/schließen (o, o) fermer à clef
ab/sehen (das Ende ~) (a, e, ie) voir la fin
Absicht (die, en) l'intention
Abstand (der, ¨e) l'écart, la distance
ab/steigen (ie, ie, *ist*) descendre
Abteilung (die, en) le rayon, le département
Abteilungsleiter (der, -) le chef de rayon
Abwesenheit (die, en) l'absence
achten (auf + A) faire attention à
Adresse (die, n) l'adresse
ähnlich sehen (a, e, ie) (+ D) ressembler à
ähnlich (+ D) semblable
Ahnung (die, en) le pressentiment, l'idée
Alkohol (der) l'alcool
Alpen (pl.) les Alpes
Alptraum (der, ¨e) le cauchemar
Alter (das) l'âge
Alternative (die, n) l'alternative
Altstadt (die, ¨e) la vieille ville
ändern (sich) changer
an/erkennen (erkannte ... an, anerkannt) reconnaître
Anerkennung (die) la reconnaissance
an/fangen (i, a, ä) (mit +) commencer par
an/fassen (v. tr.) toucher à
an/führen (ein Beispiel ~) citer un exemple
an/geben (a, e, i) 1. indiquer 2. crâner
Angebot (das, e) l'offre
an/gehen (ging, gegangen) concerner, regarder
Angelegenheit (die, en) l'affaire
angewiesen sein (auf + A) être tributaire de
Angst (die, ¨e) la peur
an/haben porter (vêtement)
an/halten (ie, a, ä) durer, persister
Anhalter (per ~ fahren) (u, a, ä, *ist*) faire de l'auto-stop
an/kommen (kam, gekommen, *ist*) arriver
an/kommen (kam, gekommen, *ist*) (auf + A) dépendre de
an/lügen (o, o) (v. tr.) mentir à
an/nehmen (nahm, genommen, nimmt) 1. accepter 2. supposer
an/packen (v. tr.) prendre, s'attaquer à
an/passen (sich) (+ D) (s')adapter à

an/rufen (ie, u) (v. tr.) appeler, téléphoner
Anschein (der) l'apparence
an/schließen (sich) (o, o) (+ D) se joindre à
Anschluß (der, ¨sse) la correspondance
an/sehen (a, e, ie) regarder, voir
Ansicht (die, en) l'avis, l'opinion
an/sprechen (a, o, i) aborder
Antrag (der, ¨e) (auf + A) la demande de
an/tun (tat, getan) (+ D) faire à (qn)
Antwort (die, en) (auf + A) la réponse à
antworten (auf + A) (eine Frage, einen Brief) répondre à (une question, une lettre)
an/wenden (wandte, gewandt & faible) appliquer
an/ziehen (sich) (zog, gezogen) (s') habiller
Anzug (der, ¨e) le costume
Apfel (der, ¨) la pomme
Appetit (der) (auf + A) l'appétit (de)
Arbeit (die, en) (an + D) le travail à
arbeiten (an + D) travailler à
Arbeitskollege (der, n, n) le collègue de travail
Arbeitsloser (adj.) le chômeur
Arbeitstag (der, e) la journée de travail
ärgern (sich) (über + A) agacer, (s') énerver
Arm (der, e) le bras
Armer (adj.) le pauvre
Art (die, en) la manière
Arzt (der, ¨e) le médecin
auf/atmen respirer (fig.)
auf/bewahren garder, conserver
Aufenthalt (der, e) le séjour
auf/fallen (ie, a, ä, *ist*) frapper, se faire remarquer
auf/fassen comprendre, interpréter
Aufgabe (die, n) la tâche, le devoir
auf/geben (a, e, i) abandonner
auf/hängen accrocher, suspendre
auf/heben (o, o) supprimer, annuler
auf/holen rattraper
auf/hören (mit + D) cesser de
auf/regen (sich) (über + A) (s') énerver
auf/schieben (o, o) différer, reporter
auf/stehen (stand, gestanden, *ist*) se lever
auf/wachen (*ist*) s'éveiller
auf/wachsen (u, a, ä, *ist*) grandir
auf/zwingen (a, u) imposer
Auge (das, n) l'œil
Augenblick (der, e) l'instant
Ausbildung (die) la formation
Ausdauer (die) la persévérance
Ausflug (der, ¨e) l'excursion
aus/füllen remplir
aus/geben (a, e, i) dépenser
aus/gehen (ging, gegangen, *ist*) sortir (von etwas ~) partir du principe que
aus/halten (ie, a, ä) supporter, endurer
aus/kommen (kam, gekommen, *ist*) (mit + D) s'en sortir avec
Auskunft (die, ¨e) le renseignement
Ausnahme (die, n) l'exception
Ausrede (die, n) le prétexte, l'excuse
aus/rutschen (*ist*) déraper, glisser
aus/schlafen (ie, a, ä) faire la grasse matinée
aus/schließen (o, o) exclure
aus/sehen (a, e, ie) avoir tel aspect
aus/setzen (sich) (+ D) (s') exposer à
Aussicht (die) la vue
Aussichten (pl.) les perspectives
aus/stehen (stand, gestanden) supporter
aus/steigen (ie, ie, *ist*) descendre (d'un véhicule)
Auswahl (die) le choix, la sélection
Auswahlkriterium (das, -ien) le critère de sélection
aus/weichen (i, i, *is*)(+ D) éluder, éviter
aus/wirken (sich ~) (auf + A) se répercuter sur
aus/zahlen (sich ~) être payant, payer
Auto (das, s) la voiture
Autobahn (die, en) l'autoroute
Autopanne (die, n) la panne de voiture
Autoverkehr (der) la circulation automobile
Bäcker (der, -) le boulanger
Bahnhof (der, ¨e) la gare
Banane (die, n) la banane

Bauer (der, n, n) le paysan
Bauernhof (der, ¨e) la ferme
Baum (der ¨e) l'arbre
bedenken (bedachte, bedacht) (v. tr.) considérer, tenir compte de
Bedeutung (die, en) la signification
Bedienung (die) le service
Bedingung (die, en) la condition
Bedürfnis (das, -ses -se) le besoin
Befehl (der, e) l'ordre (donné)
befinden (sich ~) (a, u) se trouver
Befürchtung (die, en) la crainte
begegnen (*ist*) (+ D) rencontrer
begehen (beging, begangen) commettre
begeistern (sich) (für + A) (s') enthousiasmer pour
Begeisterung (die) l'enthousiasme
beginnen (a, o) (mit + D) commencer par
begnügen (sich) (mit + D) se contenter de
begraben (u, a, ä) enterrer
begreiflich compréhensible **jdm etwas ~ machen** faire comprendre qch. à qn
Begriff (der, e) le concept, la notion
behalten (ie, a, ä) garder
Bein (das, e) la jambe
Beispiel (das, e) l'exemple
bei/tragen (u, a, ä) (zu + D) contribuer à
bekommen (bekam, bekommen) recevoir
Bemerkung (die, en) la remarque
bemühen (sich) (um + A) s'efforcer de
benehmen (sich) (benahm, benommen, benimmt) se comporter
Benzin (das) l'essence
Bereich (der, e) le domaine
Berg (der, e) la montagne
Berliner (der, -) le Berlinois
Beruf (der, e) la profession, le métier
Bescheid wissen (wußte, gewußt) être au courant
beschreiben (ie, ie) décrire
beschwören (o, o) conjurer, supplier
besitzen (besaß, besessen) posséder
besprechen (a, o, i) (v. tr.) discuter de
Bestätigung (die) la confirmation
bestehen (bestand, bestanden) 1. réussir 2. subsister
bestehen bestand, bestanden) (auf + D) maintenir, insister
bestreiten (bestritt, bestritten) contester
Besuch (der, e) la visite
betreten (a, e, betritt) marcher sur
Betrug (der) la tromperie, le vol
Bett (das, en) le lit
Bevölkerung (die, en) la population
bevor/stehen (stand, gestanden) être imminent
Bewegung (die, en) le mouvement
beweisen (ie, ie) prouver
bezahlen payer
bezahlt (sich ~ machen) valoir la peine
Beziehung (die, en) la relation
Bier (das, e) la bière
bieten (o, o) offrir
Bild (das, er) l'image, le tableau
Bildersammlung (die, en) la collection de tableaux
Bioladen (der, ¨) la boutique biologique
Birne (die, n) la poire
Bitte (die, n) la demande, la prière
bitten (bat, gebeten) prier, demander
bleiben (ie, ie, *ist*) rester
Blick (der, e) la vue, le regard
Blumenstrauß (der, ¨e) le bouquet de fleurs
böse (jdm ~ sein) en vouloir à qn
Braten (der, -) le rôti
brauchen (v. tr.) avoir besoin de
brechen (a, o, i) (v. tr.) casser
brechen (a, o, i, *ist*) se casser
brennen (brannte, gebrannt) brûler
Brief (der, e) la lettre
Briefmarke (die, n) le timbre-poste
Brieftasche (die, n) le portefeuille
Briefträger (der, -) le facteur
Brille (die, n) la paire de lunettes
bringen (brachte, gebracht) apporter **es zu etwas ~** arriver à qch.
Brot (das, e) le pain
Brötchen (das, -) le petit pain
Bruder (der, ¨) le frère
Buch (das, ¨er) le livre
Bundeskanzler (der, -) le chancelier fédéral
bürgen (für + A) se porter garant de
Bürgermeister (der, -) le maire
Bus (der, -ses, -se) le bus

Bushaltestelle (die, n) la station de bus
Butterbrot (das, e) la tartine beurrée
Champagner (der) le champagne
Chance (die, n) la chance, l'occasion
Charakter (der, e) le caractère
Chef (der, s) le chef, le patron
Chemie (die) la chimie
Chemieindustrie (die, n) l'industrie chimique
City (die) le centre-ville
Cola (das) le coca
Comics (pl.) la bande dessinée
Computer (der, -) l'ordinateur
dabei sein être en train de
Dank (der) le remerciement
danken (jdm) (für + A) remercier qn de qch
Dauer (die) la durée
Dauerregen (der) la pluie persistante
Demonstrant (der, en, en) le manifestant
denken (dachte, gedacht) (an + A) penser à **es sich** (D) **denken** s'en douter
Denkmal (das , ¨er) le monument
Deutscher (adj.) l'Allemand
Devisen (pl.) les devises
Dieb (der, e) le voleur
Ding (das, e) la chose
Dom (der, e) la cathédrale
Doppelzimmer (das, -) la chambre double
Dorf (das, ¨er) le village
Dorfkneipe (die, n) le bistrot du village
Dreiviertelstunde (eine ~) trois quarts d'heure
Drohbrief (der, e) la lettre de menaces
drohen (+ D) (mit + D) menacer de
Drohung (die, en) la menace
Druck (der) la pression
Dummheit (die, en) la sottise, la bêtise
durch/setzen imposer, faire passer
Dürre (die) la sécheresse
Durst (der) la soif
Ehrlichkeit (die) l'honnêteté
Eiche (die, n) le chêne
Eiffelturm (der) la tour Eiffel
Eile (die) la hâte
ein/bilden (sich (D) ~) s'imaginer
ein/fallen (ie, a, ä, *ist*) venir à l'esprit
Einfluß (der, -sses, ¨sse) l'influence
ein/gehen (ging, gegangen, *ist*) **ein Risiko** ~ prendre un risque
einigen (sich) (auf & über + A) se mettre s'accord sur
Einkäufe machen faire des courses
Einkäufe (pl.) les courses
einkaufen gehen (ging, gegangen, *ist*) aller faire des courses
ein/laden (u, a, ä) inviter
Einladung (die, en) l'invitation
ein/schlafen (ie, a, ä, *ist*) s'endormir
ein/schüchtern intimider
ein/sehen (a, e, ie) (v. tr.) se rendre compte de
ein/setzen (sich) (für + A) intervenir en faveur de, défendre
ein/steigen (ie, ie, *ist*) monter, entrer
Eintritt (der, e) l'entrée
Eintrittskarte (die, n) le billet d'entrée
Einwand (der, ¨e) l'objection
ein/wenden (wandte, gewandt & faible) objecter
einzeln (ins ~e gehen) (ging, gegangen, *ist*) entrer dans les détails
Eis (das) la glace
Eisenbahner (der, -) le cheminot
Eltern (pl.) les parents
Empfang (der, ¨e) la réception
empfangen (i, a, ä) recevoir
empfehlen (a, o, ie) recommander
empfinden (a, u) ressentir
Ende (das, n) la fin, le bout
entlassen (ie, a, ä) licencier
entscheiden (ie, ie) (über + A) décider de
entscheiden (ie, ie) (sich ~) (für + A) se décider pour
Entscheidung (die, en) la décision
Entschlossenheit (die) la détermination
Entschluß (der, -sses, ¨-sse) la décision
entschuldigen (sich) (für + A) (s') excuser de
Entschuldigung (die, en) l'excuse
Enttäuschung (die, en) la déception
Entwicklung (die, en) l'évolution
Erdöl (das) le pétrole
erfahren (u, a, ä) apprendre (une nouvelle)
Erfahrung (die, en) l'expérience vécue
Erfindung (die, en) l'invention

Erfolg (der, e) le succès
ergeben (a, e, i) donner (un résultat)
Ergebnis (das,- ses -se) le résultat
erhalten (ie, a, ä) recevoir
Erholung (die) le repos
erinnern (sich) (an + A) (se) rappeler
Erinnerung (die, en) le souvenir
erkennen (erkannte, erkannt) reconnaître
Erklärung (die, en) l'explication
erkundigen (sich ~) (nach + D) se renseigner sur
Ernst (der) le sérieux
ernst nehmen (nahm, genommen, nimmt) prendre au sérieux
Ersatzteil (das, e) la pièce de rechange
ertrinken (a, u, *ist*) se noyer
erwarten (v. tr.) attendre, s'attendre à
Erziehung (die) l'éducation
essen (a, e, i) manger
Essen (das) le repas
Ewigkeit (die, en) l'éternité
Experiment (das, e) l'expérience
Experte (der, n, n) l'expert
fähig (zu + D) capable de
fahren (u, a, ä, *ist*) conduire, aller, rouler
fahren (u, a, ä, *hat*) (v. tr.) conduire, emmener
Fahrer (der, -) le conducteur
Fahrrad (das, ¨er) la bicyclette
Fahrt (die, en) le voyage
Fall (der, ¨e) le cas
Falle (die, n) le piège
fallen (ie, a, ä, *ist*) tomber
Familie (die, n) la famille
fangen (i, a, ä) prendre, attraper
Farbe (die, n) la couleur
Fehler (der, -) la faute, l'erreur
Feiertag (der, e) le jour férié
Fenster (das, -) la fenêtre
Ferien (pl.) les vacances
Fernfahrer (der, -) le routier
fern/sehen (a, e, ie) regarder la télévision
Fernsehen (das) la télévision
Fernseher (der, -) le téléviseur
Fest (das, e) la fête
fest/stehen (stand, gestanden) être sûr, fixé
Feuer (das, -) le feu
Feuerwehr (die) les pompiers
Fieber (das) la fièvre
Film (der, e) le film
Filmschauspielerin (die, -nen) l'actrice de cinéma
finden (a, u) trouver
Fisch (der, e) le poisson
Flasche (die, n) la bouteille
Fleisch (das) la viande
Fluß (der, -sses, ¨-sse) le fleuve, la rivière
folgen (+ D) (*ist*) suivre
Forderung (die, en) l'exigence, la demande
Fortschritt (der, e) le progrès
Foto (das, s) la photo
Frage (die, n) la question
Fragebogen (der, ¨) le questionnaire
fragen (sich) (nach + D) (se) demander
  jdn nach etwas ~, demander qch. à qn
Franzose (der, n, n) le Français
Frau (die, en) la femme
Freiheit (die, en) la liberté
Fremde (adj.) l'étranger (à un lieu)
Fremdenführer (der, -) le guide touristique
Freude (die, n) la joie
freuen (sich) (auf + A & über + A) (se) réjouir de
Freund (der, e) l'ami
Friseur (der, e) le coiffeur
Frucht (die, ¨e) le fruit
Frühling (der, e) le printemps
Frühstück (das, e) le petit déjeuner
Führung (die, en) la visite guidée
Fuß (der, ¨e) le pied
Garantieschein (der, e) le bon de garantie
Garderobe (die, n) le vestiaire
Garten (der, ¨) le jardin
Gebäude (das, -) le bâtiment
geben (a, e, i) donner **es gibt** (+ A) il y a
Gebirge (das) la montagne
Gebrauchsanweisung (die, en) le mode d'emploi
Geburtstag (der, e) l'anniversaire
Gedächtnis (das) la mémoire
Gedanke (der, ns, n) la pensée
Geduld (die) la patience
gedulden (sich ~) patienter
Gefahr (die, en) le danger

Gefallen (der) le plaisir **jdm einen ~ tun** (tat, getan) rendre un service à qn
gefallen (ie, a, ä) (+ D) plaire à
gefaßt sein (auf + A) s'attendre à
Gefühl (das, e) le sentiment
Gegend (die, en) la région
Gegenteil (das, e) le contraire
Gegenwart (die) le présent, la présence
Gegner (der, -) l'adversaire
gehen (ging, gegangen, *ist*) aller **sich ~ lassen** (ie, a, ä) se laisser aller **jdm auf den Wecker ~** taper sur les nerfs de qn **es geht jdm um** (+ A) importer à qn
gehören (+ D) appartenir à
Geist (der, er) l'esprit
Geistesgegenwart (die) la présence d'esprit
gelaunt – **gut / schlecht ~** de bonne / mauvaise humeur
Geld (das, er) l'argent
Gelegenheit (die, en) l'occasion
gelingen (a, u, *ist*) (v. imp.) réussir
gelten als (a, o, i) passer pour
Gemüse (das) les légumes
genau/nehmen (nahm, genommen, nimmt) (v. tr.) être pointilleux sur qch.
Generation (die, en) la génération
genießen (o, o) (v. tr.) jouir de, profiter de
geraten (ie, a, ä, *ist*) **in Vergessenheit ~** tomber dans l'oubli **in Schulden ~** s'endetter
Geräusch (das, e) le bruit
Gerechtigkeit (die) la justice
Geschäft (das, e) 1. l'affaire 2. le magasin
geschehen (a, e, ie, *ist*) arriver, se produire
Geschenk (das, e) le cadeau
Geschichte (die, n) l'histoire
Gesellschaft (die, en) la société, la compagnie
Gesicht (das, er) le visage
gespannt sein (auf + A) impatient de savoir
Gespräch (das, e) la conversation
gestehen (gestand, gestanden) avouer
Gesundheit (die) la santé
gewachsen sein (+ D) être à la hauteur de
Gewalt (die) la violence
Gewinn (der, e) le bénéfice, le gain
gewinnen (a, o) gagner
Gewinnzahl (die, en) le numéro gagnant
Gewissen (das) la conscience
Gewitter (das, -) l'orage
gewöhnen (sich) (an + A) s'habituer à
gewohnt (es ~ sein) (v. tr.) être habitué à
gießen (o, o) 1. arroser 2. pleuvoir à verse
Glas (das, ¨er) le verre
glauben (+ D) croire
Gleichgewicht (das) l'équilibre
Glück (das) 1. le bonheur 2. la chance
Gold (das) l'or
Gott (der, ¨er) le dieu
gratulieren (+ D) féliciter
Grenze (die, n) la frontière, la limite
Großeltern (pl.) les grands-parents
Großmutter (die, ¨) la grand-mère
Großvater (der, ¨) le grand-père
Grund (der, ¨e) la raison
Grundsatz (der, ¨e) le principe
Gruppe (die, n) le groupe
Gruß (der, ¨e) le salut
gut bon **es ~ haben** avoir de la chance, la belle vie
Güte (die) la bonté
Haar (das, e) le cheveu
Hafen (der, ¨) le port
Hälfte (die, n) la moitié
halten (ie, a, ä) tenir
Haltestelle (die, n) l'arrêt (bus, tramway, etc.)
Hand (die, ¨e) la main
handeln agir **es handelt sich um** (+ A) il s'agit de
hängen (i, a) être accroché
Hauptsache (die) l'essentiel
Hauptstadt (die ¨e) la capitale
Haus (das, ¨er) la maison
Haut (die, ¨e) la peau
Heimweg (der) le chemin du retour à la maison
heiraten épouser, se marier
heißen (ie, ei) 1. s'appeler 2. signifier
helfen (a, o, i) (+ D) aider
Hemd (das, en) la chemise
heraus/kommen (kam, gekommen, *ist*) **aufs gleiche ~** revenir au même
Herbst (der, e) l'automne

Herr (der, n, en) le maître, le monsieur
Herzschlag (der, ¨e) la crise cardiaque
Hilfe (die, n) l'aide
Himmel (der, -) le ciel
hinaus/kommen (kam, gekommen, *ist*)
aufs gleiche ~ revenir au même
hinaus/werfen (a, o, i) jeter dehors
hindern (an + D) empêcher de
hin/fallen (ie, a, ä, *ist*) tomber
hin/gehen (ging, gegangen, *ist*) y aller
hin/kommen (kam, gekommen, *ist*) aller
hinterlassen (ie, a, ä) laisser (derrière soi)
Hitze (die) la grande chaleur
hoffen (auf + A) espérer en
Hoffnung (die, en) (auf + A) l'espoir de
Höflichkeit (die, en) la politesse
Hölle (die) l'enfer
Hotel (das, s) l'hôtel
Hund (der, e) le chien
Hunger (der) la faim
hungrig sein avoir faim
Hut (auf der ~ sein) être sur ses gardes
Ideal (das, e) l'idéal
Idee (die, n) l'idée
Industrie (die, n) l'industrie
Initiative (die, n) l'initiative
Innenstadt (die, ¨e) le centre-ville
Interesse (das, n) l'intérêt
irre/führen induire en erreur
Irrtum (der, ¨er) l'erreur
Jahr (das, e) l'année
Jahreszeit (die, en) la saison
Job (der, s) le (petit) boulot
Journalist (der, en, en) le journaliste
Jugend (die) la jeunesse
Jugendfreund (der, e) l'ami d'enfance
Jugendherberge (die, n) l'auberge de jeunesse
Jugendkriminalität (die) la délinquance juvénile
Jugendlicher (adj.) le jeune
Jugendtraum (der, ¨e) le rêve de jeunesse
Junge (der, n, n / fam. : Jungs) le garçon
Juni (der) (le mois de) juin
Kaffee (der) le café
Kälte (die) le froid
Kampf (der, ¨e) le combat, la lutte
Kantine (die, n) la cantine
Kartoffel (die, n) la pomme de terre
Kartoffelsalat (der) la salade de pommes de terre
Käse (der, -sorten) le fromage
Kasse (die, n) la caisse
Kassierer (der, -) le caissier
Katastrophe (die, n) la catastrophe
Katze (die, n) le chat
Käufer (der, -) l'acheteur
Kehrseite (die, n) l'envers
Keller (der, -) la cave
kennen (kannte, gekannt) connaître
kennen/lernen faire la connaissance de
Kerl (der, e) le type, le mec
Kettenreaktion (die, en) la réaction en chaîne
Kilo (das, s & inv.) le kilo
Kind (das, er) l'enfant
Kindererziehung (die) l'éducation des enfants
Kino (das, s) le cinéma
Kirche (die, n) l'église
Kirsche (die, n) la cerise
Klamotten (pl.) les fringues, les frusques
Kleid (das, er) la robe
Kleider (pl.) les vêtements
Klima (das) le climat
Kneipe (die, n) le bistrot
Knopf (der, ¨e) le bouton
kochen 1. cuisiner 2. faire (café, thé)
Koffer (der, -) la valise
Kölner de Cologne
Komfort (der) le confort
kommen (kam, gekommen, *ist*) venir
Kommentar (der, e) le commentaire
können (konnte, gekonnt/können) pouvoir, savoir
Konsequenz (die, en) la conséquence
Konsum (der) la consommation
Konsumgesellschaft (die) la société de consommation
Konsumgüter (pl.) les biens de consommation
Kontrolle (die, n) le contrôle
konzentrieren (sich) (auf + A) se concentrer sur
Kopf (der, ¨e) la tête
Kopfschmerzen (pl.) les maux de tête

Kosten (pl.) les frais, les dépenses
kosten (+ A de la personne et de l'objet) coûter
Kraft (die, ¨e) la force
Krankenhaus (das, ¨er) l'hôpital
Krawatte (die, n) la cravate
Kreditkarte (die, n) la carte de crédit
Kriminalität (die) la criminalité, la délinquance
Krise (die, n) la crise
Kriterium (das, -ien) le critère
Kritik (die, en) la critique
Küche (die, n) la cuisine
Küchentisch (der, e) la table de (la) cuisine
Kuh (die, ¨e) la vache
Kühlschrank (der, ¨e) le réfrigérateur
kümmern (sich) (um + A) s'occuper, se mêler de
Kunde (der, n, n) le client
Kundgebung (die, en) la manifestation
Kunststück (das, e) le tour de force, d'adresse
Kurve (die, n) le virage
Küste (die, n) la côte
Laden (der, ¨) la boutique
Lage (die, n) la situation
Land (das, ¨er) 1. le pays 2. la campagne
Landhaus (das, ¨er) la maison de campagne
Landschaft (die, en) le paysage
Landwirtschaft (die) l'agriculture
Lärm (der) le bruit
lassen (ie, a, ä) laisser
Last (die, en) la charge, le poids
laufen (ie, au, äu, *ist*) 1. courir 2. marcher
laufend (auf dem ~ en halten (ie, a, ä) / sein) tenir / être au courant
Leben (das) la vie
leer/stehen (stand, gestanden) être vacant
Lehre (die, n) la leçon
leid tun (tat, getan) faire pitié
leiden (litt, gelitten) (an & unter + D) souffrir de
leihen (ie, ie) prêter
leiser stellen baisser (le son)
leisten (sich (D) ~) se permettre
Widerstand ~, opposer de la résistance
Leistung (die, en) la performance
Leiter (der, -) le directeur, le chef
Lesebrille (die, n) les lunettes de lecture
lesen (a, e, ie) lire
Leute (pl.) les gens
Licht (das, er) la lumière
Liebe (die) l'amour
Liebesroman (der, e) le roman d'amour
Liebling (der, e) le chéri, le chouchou
Lieblingsspeise (die, n) le plat préféré
Lieblingstier (das, e) l'animal préféré
Lied (das, er) la chanson
liegen (a, e) être situé
Loch (das ¨er) le trou
Lohn (der, ¨e) le salaire
lohnen (sich) valoir la peine
Lösung (die, en) la solution
los/werden (v. tr.) (u, o) se débarrasser de
Luft (die, ¨e) l'air
lügen (o, o) mentir
Lust (die) l'envie
lustig – sich (A) **~ machen** (über + A) se moquer de
Macht (die, ¨e) 1. le pouvoir 2. la puissance
Mädchen (das, -) la (jeune) fille
Magen (der) l'estomac
Magenschmerzen (pl.) les maux d'estomac
Mal (das, e) la fois
Mangel (der, ¨) le manque
Mann (der, ¨er) 1. l'homme 2. le mari
Mantel (der, ¨) le manteau
Märchen (das, -) le conte
Markt (der, ¨e) le marché
Marktplatz (der, ¨e) la place du marché
Maschine (die, n) la machine
Mauer (die, n) le mur
Maus (die, ¨e) la souris
Medaille (die, n) la médaille
Medien (pl.) les médias
Medikament (das, e) le médicament
Medizin (die) la médecine
Meer (das, e) la mer
Mehrheit (die) la majorité
Mehrwertsteuer (MwSt) (die) la taxe sur la valeur ajoutée (T.V.A.)
Meinung (die, en) l'opinion, l'avis

Meister (der, -) le maître
melken (o, o & faible) traire
Menge (die) la foule
Mensch (der, en, en) l'homme, l'être humain
Messer (das, -) le couteau
Methode (die, n) la méthode
Miete (die, n) le loyer
Milch (die) le lait
Mißerfolg (der, e) l'échec
Mißtrauen (das) la méfiance
Mißverständnis (das, -ses -se) le malentendu
Mitglied (das, er) le membre, l'adhérent
mit/kommen (kam, gekommen, *ist*) venir (avec)
mit/nehmen (nahm, genommen, nimmt) emporter, emmener
Mittag – zu ~ essen (a, e, i) déjeuner
Mittel (das, -) le moyen
Mode (die, n) la mode
Modegeschäft (das, e) le magasin de mode
mögen (mochte, gemocht) 1. aimer (bien) 2. **es mag sein**, c'est possible
Möglichkeit (die, en) la possibilité
Monat (der, e) le mois
Mühe (die) le mal, la peine
  mit Müh' und Not à grand-peine
Mund (der, ¨er) la bouche
münden (in + A) se jeter dans, déboucher sur
Mut (der) le courage
Mutter (die, ¨) la mère
Nachbar (der, s, n) le voisin
nach/geben (a, e, i) céder
nach/kommen (kam, gekommen, *ist*) rejoindre
Nachmittag (der, e) l'après-midi
Nachricht (die, en) la nouvelle
Nachrichten (pl.) les informations
Nacht (die, ¨e) la nuit
Nachteil (der, e) l'inconvénient
Nachtisch (der) le dessert
nach/tragen (u, a, ä) (+ D) garder rancune, en vouloir à
Nähe (die) la proximité
Name (der, -ns, n) le nom
Nase (die, n) le nez
Natur (die) la nature
nehmen (nahm, genommen, nimmt) prendre
nennen (nannte, genannt) appeler, nommer
Nerv (der, en) le nerf
Neugier (die) la curiosité
neugierig (auf + A) curieux de
Niederlage (die, n) la défaite
Nordsee (die) la mer du Nord
Not (die) la détresse
  mit Müh' und ~ à grand-peine
nötig haben (v. tr.) avoir besoin de
Obst (das) les fruits (de table)
Ohnmacht (die) l'impuissance
Ohr (das, en) l'oreille
Oktoberfest (das) la fête de la bière (à Munich)
Öl (das, e) l'huile
Onkel (der, -) l'oncle
Opfer (das, -) 1. la victime 2. le sacrifice
Opposition (die) l'opposition
Orange (die, n) l'orange
Orangensaft (der) le jus d'oranges
Ordnung (die) l'ordre
Ordnung (in ~!) OK !, d'accord !
Ort (der, e) le lieu
Ozonloch (das) le trou dans la couche d'ozone
Paar (das , e) la paire
Panne (die, n) la panne
Papier (das, e) le papier
parat haben avoir tout prêt / sous la main
Park (der, s) le parc, le jardin public
Partei (die, en) le parti
passen (zu + D) aller avec **jdm** ~ convenir à qn
passieren (*ist*) arriver, se produire
Pech (das) la poisse, le manque de pot
Person (die, en) la personne
Personalausweis (der, e) la carte d'identité
Pest (die) la peste
Pferd (das, e) le cheval
Pflicht (die, en) le devoir
Pfund (das, e & inv.) la livre
Plage (die, n) le fléau
Plan (der, ¨e) le plan, le projet
Platz (der, ¨e) la place
Politik (die) la politique

Polizei (die) la police
Polizist (der, en, en) le policier
Polohemd (das, en) la chemise polo
Post (die) 1. la poste 2. le courrier
Preis (der, e) le prix
prima (inv.) très bien, super
Privatgespräch (das, e) la conversation privée
Probe (auf die ~ stellen) mettre à l'épreuve
Problem (das, e) le problème
Produkt (das, e) le produit
Programm (das, e) le programme
Projekt (das, e) le projet
Protestwelle (die, n) la vague de protestations
Prozeß (der,-sses, -sse) le procès
Prüfung (die, en) l'examen
Punkt (der, e) le point
Quelle (die, n) la source
Rad (das, ¨er) 1. la roue 2. le vélo
rad/fahren (u, a, ä, *ist*) faire du vélo
Radio (das, s) la radio
Radtour (die, en) le tour de vélo
Radweg (der, e) la piste cyclable
Rasen (der) le gazon, la pelouse
Rat (der, -schläge) le conseil
raten (ie, a, ä) deviner
raten (ie, a, ä) **jdm zu etwas** (D) ~ conseiller qch. à qn
Ratschlag (der, ¨e) le conseil
raus/gehen (ging, gegangen, *ist*) sortir
reagieren (auf + A) réagir à
Reaktion (die, en) (auf + A) la réaction à
rechnen calculer, (auf + A) compter sur, (mit + D), compter avec, s'attendre à
Rechnung (die, en) 1. l'addition 2. le calcul
recht geben (a, e, i) donner raison
recht haben avoir raison
Recht (das, e) le droit
recht – jdm ~ geschehen (a, e, ie, *ist*) être bien fait pour qn
Rechte (die) la droite
Rede (die, n) le discours
Regel (die, n) la règle
Regelung (die, en) la réglementation
Regen (der) la pluie
Regenschirm (der, e) le parapluie
Reifenpanne (die, n) la crevaison
Reise (die, n) le voyage
Reisepaß (der, ¨-sse) le passeport
Reisetasche (die, n) le sac de voyage
Reiz (der, e) le charme
Rente (die, n) la pension, la retraite
Reparatur (die, en) la réparation
Restaurant (das, s) le restaurant
Retter (der, -) le sauveteur
Richtung (die, en) la direction
riechen (o, o) (nach + D) sentir (mauvais)
Risiko (das, -en) le risque **ein ~ ein/gehen** (ging, gegangen, *ist*) prendre un risque
Rolle (die, n) le rôle
Roman (der, e) le roman
Rückfall (der, ¨e) la rechute
Ruf (der, e) 1. l'appel 2. la réputation
rufen (ie, u) appeler
Ruhe (die) le repos, le calme
Sache (die, n) la cause, l'affaire, la chose
Saft (der, ¨e) le jus
Salat (der, e) la salade
Sammlung (die, en) la collection
Samstag (der, e) le samedi
satt haben (es ~) (v. tr.) en avoir assez de
Sauerkraut (das) la choucroute
schaffen (es ~) y arriver
schaffen (u, a) créer
Schalter (der, -) le guichet
Schatten (der, -) l'ombre
Scheibe (die, n) 1. la tranche 2. la vitre
Schein (der) l'apparence
scheinen (ie, ie) 1. briller 2. paraître
scheitern (*ist*) échouer
Schicht (die, en) la couche
Schicksal (das, e) le destin
Schirm (der, e) le parapluie
schlafen (ie, a, ä) dormir
Schlaflosigkeit (die) l'insomnie
Schlange stehen (stand, gestanden) faire la queue
Schlange (die, n) la queue
schließen (o, o) 1. fermer 2. conclure
Schloß (das, -sses, ¨-sser) le château
Schluß (der, -sses, ¨-sse) 1. la fin 2. la conclusion

Schlüssel (der, -) la clef
schmecken (nach + D) avoir tel goût, sentir
Schmerz (der, en) la douleur
Schnee (der) la neige
Schneeschicht (die) la couche de neige
schneiden (schnitt, geschnitten) couper
Schokolade (die) le chocolat
Schönredner (der, -) le beau parleur
Schrank (der, ¨e) l'armoire
Schreck (der) la peur, la frayeur
schreiben (ie, ie) écrire
schreien (ie, ie) crier
Schriftsteller (der, -) l'écrivain
Schritt (der, e) le pas
Schuh (der, e) la chaussure
schuld sein (an + D) être fautif, responsable de
Schuld (die) la faute
Schulden (pl.) les dettes
Schule (die, n) l'école
Schüler (der, -) l'élève
Schutz (der) la protection
Schwäche (die, n) la faiblesse
Schwarzmarkt (der) le marché noir
schweigen (ie, ie) se taire
Schwein (das, e) le porc
Schweinebraten (der) le rôti de porc
Schweinegeld (ein ~ kosten) coûter les yeux de la tête
Schweiz (die) la Suisse
schwer/fallen (ie, a, ä, *ist*) (+ D) être pénible, difficile
Schwester (die, n) la sœur
Schwierigkeit (die, en) la difficulté
schwimmen (a, o, *ist* & *hat*) nager
schwören (o, o) jurer
See (der, n) le lac
See (die, n) la mer
sehen (a, e, ie) voir
sehnen (sich) (nach + D) aspirer à
Sekt (der) le vin mousseux
Sendung (die, en) l'émission
setzen (auf + A) miser sur
Sicherheit (die) la sécurité
Sieg (der, e) la victoire
singen (a, u) chanter
sinken (a, u, *ist*) baisser, chuter
Sitte (die, n) la coutume
Situation (die, en) la situation
sitzen bleiben (ie, ie, *ist*) rester assis
sitzen (saß, gesessen) être assis
Skandal (der, e) le scandale
Ski fahren (u, a, ä, *ist*) skier
Skiferien (pl.) les vacances de neige
Sohn (der, ¨e) le fils
sollen 1. devoir 2. il paraît que
Sommer (der, -) l'été
Sommerferien (pl.) les vacances d'été
Sonne (die, n) le soleil
Sonnenschein (der) la lumière du soleil
Sonnenuntergang (der, ¨e) le coucher de soleil
Sonntag (der, e) le dimanche
Sorge (die, n) le souci
soweit sein 1. être prêt 2. en être à ce point
Sozialhilfe (die, n) l'aide sociale
Spaß (der, ¨e) la plaisanterie
Spaziergang (der, ¨e) la promenade
Speise (die, n) le plat, le mets
Spiel (das, e) le jeu, la partie
Sport (der) le sport
Sportverein (der, e) le club sportif
Sprache (die, n) la langue
sprechen (a, o, i) parler
Sprichwort (das, ¨er) le proverbe
springen (a, u, *ist*) sauter
Spur (die, en) la trace
Stadt (die, ¨e) la ville
stammen (aus + D) être issu de, être originaire de
Standpunkt (der, e) le point de vue
statt/finden (a, u) avoir lieu
Stau (der, s) l'embouteillage
staunen (über + A) s'étonner de
stehen lassen (ie, a, ä) laisser
stehen (stand, gestanden) être (debout)
stehlen (a, o, ie) voler, dérober
steigen (ie, ie, *ist*) monter, augmenter
Stein (der, e) la pierre
Stelle (die, n) la place, l'endroit
Stellung (die, en) 1. la position 2. l'emploi
sterben (a, o, i, *ist*) mourir
Stern (der, e) l'étoile
Stich – im ~ lassen (ie, a, ä) laisser tomber

Stimme (die, n) la voix
Stimmung (die, en) l'ambiance
stinken (a, u) (nach + D) puer
stolz (auf + A) fier de
stoßen (ie, o, ö *ist*) (auf + A) rencontrer, être confronté à
Strafe (die, n) la sanction, la punition
Strand (der, ¨e) la plage
Straße (die, n) 1. la rue 2. la route
Straßenbahn (die, en) le tramway
streben (nach + D) aspirer à
Streik (der, s) la grève
Streit (der) la dispute
streiten (stritt, gestritten) (sich) se disputer
Strom (der, ¨e) 1. le fleuve 2. le courant
Strompanne (die, n) la panne de courant
Stück (das, e) 1. la pièce 2. le morceau
Student (der, en, en) l'étudiant
Stuhl (der, ¨e) la chaise
Stunde (die, n) l'heure
Süden (der) le sud
Supermarkt (der, ¨e) le supermarché
Suppe (die, n) la soupe
Sympathie (die, n) la sympathie
Tablette (die, n) le cachet
Tafel (die, n) la tablette
Tag (der, e) le jour
Talent (das, e) le talent
Tankstelle (die, n) la station-service
Tanne (die, n) le sapin
Tante (die, n) la tante
Tasche (die, n) 1. la poche 2. le sac
Taschengeld (das) l'argent de poche
Tasse (die, n) la tasse
Tat (die, en) l'action
auf frischer ~ ertappen prendre sur le fait
Täter (der, -) l'auteur, le coupable
Tatsache (die, n) le fait
Taxi (das, s) le taxi
Tee (der) le thé
teil/nehmen (nahm, genommen, nimmt) (an + D) prendre part, participer à
Telefon (das) le téléphone
telefonieren (mit + D) téléphoner (parler au téléphone) à
Teller (der, -) l'assiette
Termin (der, e) le rendez-vous
Teufel (der, -) le diable
Theater (das, -) le théâtre
Tier (das, e) l'animal
Tisch (der, e) la table
Tochter (die, ¨) la fille
Tod (der) la mort
tot/schlagen (u, a, ä) tuer
Tourist (der, en, en) le touriste
Tradition (die, en) la tradition
tragen (u, a, ä) porter
Tragweite (die) la portée
trainieren s'entraîner
trauen (+ D) faire confiance à
Traum (der, ¨e) (von + D) le rêve de
einen ~ haben faire un rêve
träumen (von + D) rêver de
treffen (traf, getroffen, trifft) rencontrer
eine Wahl ~ faire un choix **eine Entscheidung ~** prendre une décision
sich gut ~ bien tomber
treiben (ie, ie) – **Sport ~** faire du sport
Treue (die) (zu + D) la fidélité à
trinken (a, u) boire
trügen (o, o) tromper
tun (tat, getan) faire
tun (tat, getan) **und lassen** (ie, a, ä) faire
Tür (die, en) la porte
Turm (der, ¨e) la tour
Übel (das, -) le mal
überholen doubler
überlassen (ie, a, ä) laisser, abandonner
überleben (v. tr.) survivre à
überlegen réfléchir **sich** (D) **etwas** (A) ~ réfléchir à qch.
übernachten passer la nuit
übernehmen (übernahm, übernommen, übernimmt) (v. tr.) prendre, se charger de
überprüfen vérifier
überraschen surprendre
Überraschung (die, en) la surprise
überschätzen surestimer
übertreiben (ie, ie) exagérer
überwinden (a, u) vaincre, surmonter
überzeugen (von + D) convaincre de
Überzeugung (die, en) la conviction
übrig/bleiben (ie ,ie, *ist*) rester
Übung (die, en) l'exercice
Uhr (die, en) 1. l'heure, 2. la montre

Umwelt (die) l'environnement
Unfall (der, ¨e) l'accident
Unglück (das) 1. le malheur 2. l'accident
Universität (die, en) l'université
Unkenntnis (die) l'ignorance
Unordnung (die) le désordre
Unsinn (der) le non-sens, l'absurdité
Unsumme (die, en) la somme astronomique
unterbrechen (a, o, i) interrompre
unterlassen (ie, a, ä) (v. tr.) s'abstenir de
unterschätzen sous-estimer
Unterschied (der, e) la différence
unterstreichen (i, i) souligner
Unterstützung (die) le soutien
untersuchen examiner
Untersuchung (die, en) l'enquête, l'examen
Urlaub (der) le congé, les vacances
Vater (der, ¨) le père
Vegetarier (der, -) le végétarien
verabredet sein (mit + D) avoir rendez-vous avec
verantwortlich (für + A) responsable de
Verantwortung (die) (für + A) la responsabilité
verbergen (a, o, i) cacher, dissimuler
verbieten (o, o) interdire
verbinden (a, u) (mit + D) relier, associer
verbringen (verbrachte, verbracht) passer
verdanken (jdm etwas (A) ~) être redevable à qn de qch.
Verein (der, e) l'association
Verfassung (die, en) la constitution
verfolgen 1. suivre 2. persécuter
Verfügung (die) la disposition **zur ~ stehen** (stand, gestanden) être à ~ **zur ~ stellen** mettre à ~
verführen (zu + D) entraîner, pousser (qn à faire qch.)
Vergangenheit (die) le passé
vergessen (a, e, i) oublier
Vergessenheit (die) l'oubli **in ~ geraten** (ie, a, ä, *ist*) tomber dans ~
Vergleich (der, e) la comparaison
vergleichen (i, i) (mit + D) comparer à
Vergnügen (das) le plaisir
Verhalten (das) le comportement
Verkäuferin (die, -nen) la vendeuse
Verkehr (der) la circulation
verkraften (v. tr.) supporter, digérer (fig.)
verlassen (ie, a, ä) quitter
  sich ~ (auf + A) compter sur, se fier à
verlaufen (ie, au, äu, *ist*) se dérouler
Verlegenheit (die) l'embarras, la gêne
Verletzter (adj.) le blessé
verlieren (o, o) perdre
vermissen (v. tr.) ressentir le manque
Vermögen (das) la fortune
verreisen (*ist*) partir en voyage
versagen échouer, ne pas fonctionner
Verschwendung (die) le gaspillage
verschwinden (a, u, *ist*) disparaître
Verspätung (die, en) le retard
versprechen (a, o, i) promettre
verstehen (verstand, verstanden) (sich) (se) comprendre
Versuchung (die, en) la tentation
vertragen (u, a, ä) supporter
Vertrauen (das) la confiance
vertrauen (+ D) faire confiance à
Verwandter (adj.) le parent
verwechseln (mit + D) confondre avec
verwickelt sein (in + A) être impliqué dans
verzeihen (ie, ie) pardonner
verzichten (auf + A) renoncer à
verzweifeln (an + D) désespérer de
Verzweiflung (die) le désespoir
Vetter (der, -) le cousin
Viertel (das, -) 1. le quart 2. le quartier
vierzehn Tage quinze jours
voraus/sehen (a, e, ie) prévoir
vorbei sein être terminé
vorbei/gehen (ging, gegangen, *ist*) passer
vorbei/kommen (kam, gekommen, *ist*) (an + D) passer devant
vor/beugen (+ D) prévenir
Vorhaben (das) le projet
vor/kommen (kam, gekommen, *ist*) 1. arriver 2. paraître
vor/machen (+ D) en conter, en faire accroire à qn
Vormittag (der, e) la matinée
Vorname (der, ns, n) le prénom
Vorrang (der) la priorité

Vorschlag (der, ¨e) la proposition
vor/sehen (a, e, ie) prévoir
Vorsicht (die) la prudence
Vorstadt (die, ¨e) la banlieue
vor/stellen 1. (sich) (A) (se) présenter 2. (sich) (D) s'imaginer
Vorstellung (die, en) la représentation, l'idée
Vorteil (der, e) l'avantage
vor/werfen (a, o, i) reprocher
Vorwurf (der, ¨e) le reproche
vor/ziehen (zog, gezogen) préférer
Wagen (der, -) la voiture
Wahl (die, en) le choix, l'élection
Wahrheit (die, en) la vérité
Wald (der, ¨er) la forêt
Wand (die, ¨e) le mur
wandern (*ist*) faire de la randonnée
Wanderweg (der, e) le chemin de randonnée
Warmwasser (das) l'eau chaude
warnen (vor + D) mettre en garde contre, avertir de
Warnung (die, en) la mise en garde
warten (auf + A) attendre
Wartezimmer (das, -) la salle d'attente
waschen (u, a, ä) laver
Wasser (das) l'eau
Wecker (der, -) le réveil-matin **– auf den ~ gehen** (ging, gegangen, *ist*) taper sur les nerfs
Weg (der, e) le chemin
weg/gehen (ging, gegangen, *ist*) partir, s'en aller
Weihnachten (das) Noël
Wein (der, e) le vin
Weise (die, n) la manière
Weißwein (der, e) le vin blanc
weiter/gehen (ging, gegangen, *ist*) continuer
Welle (die, n) la vague
Welt (die, en) le monde
Weltmeister (der, -) le champion du monde
Werbung (die) la publicité
werden (u, o, i, *ist*) devenir
werfen (a, o, i) jeter
Wert (der, e) la valeur
Wert legen (auf + A) attacher de l'importance à
wert sein valoir **viel** ~ avoir beaucoup de valeur
wetten (um + A) (mit jdm ~) parier qch. avec qn
Wetter (das) le temps
Wetterbericht (der, e) le bulletin météorologique
Widerspruch (der, ¨e) la contradiction
Widerstand (der, ¨e) la résistance
widerstehen (widerstand, widerstanden) (+ D) résister à
wiederholen répéter
wieder/sehen (a, e, ie) revoir
widmen (sich) (+ D) (se) consacrer à
Wille (der, des Willens) la volonté
Wind (der, e) le vent
Winter (der, -) l'hiver
Wintermonat (der, e) le mois d'hiver
wirken (auf + A) agir sur
Wirkung (die, en) (auf + A) l'action sur
Wirklichkeit (die) la réalité
Wirtschaft (die, en) l'économie
wissen (wußte, gewußt) savoir
Wissenschaft (die, en) la science
Witz (der, e) la blague, la plaisanterie
Woche (die, n) la semaine
Wochenende (das, n) le week-end
Wohnung (die, en) l'appartement
Wolke (die, n) le nuage
Wort (das, e) la parole
Wort (das, ¨er) le mot
Wunder (das, -) le miracle
wundern étonner **sich** ~ (über + A) s'étonner de
Wunsch (der, ¨e) le souhait, le désir
Wurscht (es mir ~) je m'en fous
Wut (die) la colère, la fureur
Zahl (die, en) le nombre
Zahn (der, ¨e) la dent
Zeit (die, en) le temps **– sich ~ nehmen** (nahm, genommen, nimmt) prendre son temps
Zeitung (die, en) le journal
zerbrechen (a, o, i, hat) (v. tr.) casser
zerbrechen (a, o, i, *ist*) se casser
Zeug (das) le truc, le machin

ziehen (zog, gezogen) tirer
Ziel (das, e) le but
Zimmer (das, -) la chambre, la pièce
Zirkus (der, -) le cirque
zittern (vor + D) trembler de
zögern hésiter **hin und her** ~ tergiverser
Zucker (der) le sucre
Zufall (¨e) le hasard
zufolge (postposition + D) selon
zufrieden (mit + D) satisfait de
sich zufrieden/geben (a, e, i) (mit + D) se satisfaire de
Zug (der, ¨e) le train
zu/geben (a, e, i) avouer, reconnaître
zu/hören (+ D) écouter
Zukunft (die) l'avenir
Zunkunftsaussichten (pl) les perspectives d'avenir
zumute (jdm ~ sein) se sentir
zu/muten (jdm etwas ~) demander qch. à qn
Zumutung (die) la prétention, la demande irrecevable
zu/nehmen (nahm, genommen, nimmt) augmenter
Zunge (die, n) la langue
zurück/gehen (ging, gegangen, *ist*) diminuer
zurück/nehmen (nahm, genommen, nimmt) reprendre, retirer
zurück/rufen (ie, u) rappeler
zurück/schrecken (a, o, i, *ist*) reculer par peur
zurück/weisen (ie, ie) rejeter, repousser
zurück/ziehen (zog, gezogen) (sich) (se) retirer
zusammen/brechen (a, o, i, *ist*) s'effondrer
Zusammenhang (der, ¨e) le rapport, la relation
zusammen/laufen (ie, au, äu, *ist*) converger
zu/sehen (a, e, ie) (+ D) regarder (sans participer)
Zustand (der, ¨e) l'état
zuständig (für + A) compétent, habilité à
zu/trauen – jdm etwas (A) ~ croire qn capable de faire qch.
Zwang (der, ¨e) la contrainte
Zweck (der, e) la fin, le but
Zweifel (der, -) (an + D) le doute de
zweifeln (an + D) douter de
zwingen (a, u) (zu + D) contraindre à
Zwischenfall (der, ¨e) l'incident

Aubin Imprimeur
LIGUGÉ, POITIERS

Dépôt légal : mai 1999
N° d'impression : L 58211
Imprimé en France